成都法治建设

年度报告
（2017）

CHENGDU FAZHI JIANSHE
NIANDU BAOGAO
（2017）

成都市法学会

四川大学出版社

责任编辑:王　冰
责任校对:喻　震
封面设计:墨创文化
责任印制:王　炜

图书在版编目(CIP)数据

成都法治建设年度报告. 2017 / 成都市法学会编.
—成都:四川大学出版社,2018.6
ISBN 978-7-5690-2031-1

Ⅰ.①成…　Ⅱ.①成…　Ⅲ.①社会主义法制-建设-
研究报告-成都-2017　Ⅳ.①D927.711

中国版本图书馆 CIP 数据核字(2018)第 148166 号

书　名	成都法治建设年度报告(2017)
编　者	成都市法学会
出　版	四川大学出版社
地　址	成都市一环路南一段 24 号 (610065)
发　行	四川大学出版社
书　号	ISBN 978-7-5690-2031-1
印　刷	四川盛图彩色印刷有限公司
成品尺寸	170 mm×240 mm
印　张	10
字　数	94 千字
版　次	2018 年 7 月第 1 版
印　次	2018 年 7 月第 1 次印刷
定　价	75.00 元

◆读者邮购本书,请与本社发行科联系。
电话:(028)85408408/(028)85401670/
(028)85408023　邮政编码:610065
◆本社图书如有印装质量问题,请
寄回出版社调换。
◆网址:http://www.scupress.net

前　言

　　2017 年 3 月，成都市委办公厅印发《成都市依法治市 2017 年工作要点》，以《成都市依法治市实施纲要》为遵循，提出"2017 年是推进依法治市任务的深入落实之年"，要求"认真贯彻落实中央依法治国基本方略和习近平总书记系列重要讲话精神，按照省委、市委全面推进依法治省、依法治市重大决策部署，紧紧围绕全市中心大局，坚持务实创新，聚焦重点难点，持续深入推进依法治市各项工作落地落实，为我市加快建设提供坚强的法治保障"。

　　2017 年，成都市深入贯彻党的十九大和省第十一次党代会、市第十三次党代会精神，遵循特大城市治理规律，学习借鉴国际先进理念，坚持法治建设与中心工作紧密结合，主动将法治建设融入市委重大战略部署中，认真落实《成都市依法治市 2017 年工作要点》，以《2017 年度成都市依法治市工作考核方案》为抓手，以

8个专项工作组实施方案为支撑，深化法治成都建设。

成都市深刻认识到领导干部"关键少数"在法治建设中的重要性，紧紧抓住依法执政这个"关键核心"，着力加强党内法治建设，加强党风廉政建设，全面深入从严治党，坚持不懈推进依法执政；进一步健全地方立法工作格局，紧紧抓住科学立法这项"关键环节"，完善地方立法程序和相关制度，主动回应城市建设的立法需求；坚持法定职责必须为、法无授权不可为，紧紧抓住依法行政这一"关键板块"，突出"简政放权、放管结合、优化服务"主线，综合运用"权力清单、责任清单、负面清单"划定政府与市场、企业、社会的权责边界，加快法治政府建设步伐；高度重视司法工作，紧紧守住公平正义这道"关键防线"，成都各级政法机关在持续深化司法体制改革，推进司法公正、提升司法公信力方面进行了卓有成效的改革探索；着力以法治建设优化社会经济发展环境为落脚点，紧紧围绕社会依法治理这块"关键领域"，加快构建适应城市建设需要的政府、社会、市民等多方参与、多元共治的现代治理体系；以成都市法治宣传教育第七个五年规划为抓手，以"互联网＋法治宣传"为创新发展平台，以天府文化为法治文化的滋养源泉，紧紧扭住法治宣传教育这个"关键载体"，提升普法宣传工作的系统性、服务性和精准性，为加快建设全面体现新发展理念的城市营造了良好的法治氛围。

2017 年，成都市围绕上述六大板块工作，坚持务实创新，不断探索实践具有时代特征、四川特点、成都特色的法治建设"成都路径"，取得显著成效。

目　录

提升依法执政水平

全面从严治党

2017 年，在成都市委的坚强领导下，成都市各级党委、机关按照依法治市有关工作要求，深入贯彻落实党的十九大精神和习近平新时代中国特色社会主义思想，坚持党要管党、全面从严治党这一铁的纪律，并在实践中充分认识并透彻掌握依法执政水平的提高与全面从严治党之间的辩证关系。创新工作思路、落实工作责任、强化工作举措，通过提高依法执政水平、加强党内法规制度建设、全面推进从严治党等措施切实推动依法执政各项工作有序开展。

一、提升依法执政水平

（一）党委在推进法治建设中发挥领导核心作用

——2017 年，成都市根据中共中央办公厅、国务院办公厅《党政主要负责人履行推进法治建设第一责任人职责规定》以及四川省委办公厅、四川省政府办公厅《四川省党政主要负责人履行推进法治建设第一责任人职责实施办法》的统一部署和要求，积极探索市委带头强化法治意识、增强法治观念的办法措施，发挥党委在推进法治建设中的领导核心作用。以《依法治市实施纲要》为遵循，以《成都市依法治市2017年工作要点》为指引，以《2017年度成都市依法治市工作考核方案》为抓手，以8个专项工作组实施方案为支撑，支持本级人大、政府、政协、法院、检察院依法依章程履行职能，紧紧围绕全市中心大局，坚持务实创新、聚焦重点难点，持续深入推进依法治市各项工作落地落实。

——各区（市）县委也纷纷履行法治建设领导核心职能，积极开展相关工作。成华区区委充分发挥总揽全局、协调各方的领导核心作用，将法治建设作为事关全局的重大工作，与经济社会发展同部署、同推进、同督促、同考核、同奖惩，印发了《成华区2017年依法治区工作要点》《成都市成华区法治宣传教育第七个五年规划（2016—2020年）》，全面安排部署依法治区工作；金牛区积极健全完善区委统一领导、各方积极推动、全社会共同落实的领导体制和工作机制，发挥党委在推进法治建设中的领导核心作用，落实"四个亲自"，对法治工作亲自研究、亲自谋划、亲自部署、亲自督促；双流区发挥党委在推进法治建设中的领导核心作用，支持人大、政府、政协、法院、检察院依法依章程履行职能、开展工作，区委常委会上审议区政府工作事项199项，专题听取人大、政协、法院和检察院党组工作汇报

各 **3** 次；彭州市构建起了党委政府主导、系统推进、上下联动、部门齐抓共管、社会广泛参与的依法治市工作格局。严格落实领导和支持人大及其常委会依法行使职权、政府依法行政、司法机关公正司法、政协履行职能制度，定期听取法治建设工作汇报，研究法治建设工作重要事项，解决法治建设工作中遇到的问题。在召开的市委常委会上，先后讨论通过并批转了《彭州市人民代表大会常务委员会 **2017** 年工作要点》《政协彭州市委员会 **2017** 年工作要点》《**2017** 年政协协商计划》等。

（二）落实了"关键少数"依法治理的领导责任

——**2017** 年，成都市各级党政机关积极落实"关键少数"的依法治理领导责任，取得了明显的成效。市级领导机关积极将"依法治市"纳入领导班子和干部考核指标，将"关键少数"履职尽责情况纳入年终述职、政绩考核，将"强化法治意识、落实法治责任、推进法治建设的情况"作为领导班子和领导干部述职报告和年度考核的重点内容，真正把法治建设的责任层层传导下去，把依法决策、依法办事落实情况考准考实。

——各市级机关，各区、市、县党委政府，积极将上述要求落到实处，并形成了系列工作亮点。成都市中级人民法院聚焦"关键少数"，出台法院领导干部履职尽责绩效评估和考核问责办法，积极推行法治问责制度，对不履行法治职责的严格问责，积极探索建立任期法治责任制和离任法治审计制，全面落实法治责任；成都市财政局草拟了《成都市财政局主要负责人履行推进法治建设责任清单》，涉及财政法治建设三方面、**16**类及若干具体工作事项，均逐一分解到全局各处室；成都市防震减灾局切实履行党组书记法治建设第一责任人和其他班子成员"一岗双责"，认真落实责任清单，坚持把法治建设成效作为衡量领导干部工作实际的重要内容；成都市委统战部以机制建设为抓手，不断根据重点内容强化各处室和责任人的职责，形成一级抓一级，层层抓落实的长效机制；龙泉驿区制订了《成都市龙泉驿区党政主要负责人履行推进法治建设第一责任人职责实施办法》，从制度上推动各级党政主要负责人切实担负起推进法治建设的领导责任；都江堰市以"7＋1"专项工作负责制为抓手，由市委书记任依法治市领导小组组长，市委副书记牵头依法治市工作；锦江区积极落实党政主要负责人法治责任，制定《关于落实〈四川省党政主要负责人履行推进法治建设第一责任人职责实施办法〉的任务分解方案》，细化明确法治责任；天府新区通过明确职责任务落实"关键少数"的法治责任，制定《领导小组工作规则》《成员单位职责》，调整依法治区工作领导小组，成立"1＋8"工作小组，进一步落实工作责任，同时，强化领导干部法治建设政绩考核，切实把法治建设成效作为衡量各级领导班子和领导干部工作实绩的重要内容。

（三）以制度提升法治能力

——2017年年初，成都市委办公厅印发了《成都市依法治市2017年工作要点》，清晰明确地分解了本年度依法治市工作的工作要点、主要内容、具体举措以及负责单位和完成时限。各区（市）县委、市委各部委、市级各部门党组（党委）结合各自实际认真贯彻执行。成都市依法治市办印发了《2017年度成都市依法治市工作考核方案》，各级党委和政府部门将《考核方案》内化于主管的工作中，形成内部的考核方案，以此推进依法治理工作有序进行。

——成都市依法治市办、市委组织部、宣传部、司法局、人力资源和社会保障局联合制定了《成都市关于进一步完善国家工作人员学法用法的实施意见》（成司发〔2017〕16号），按照《成都市关于深入开展公务员平时考核试点工作的通知》要求，建立公务员年度法治考评和法治档案制度，落实公务员述法制度，加强对公务员日常工作过程的管理和监督。把公务员平时的政绩考核与学法用法相结合，把依法行政纳入公务员考核体系，作为考查使用干部的重要依据。成都市城市管理委员会坚持行政决策"三化"机制，实行会前法制审查制度，发现并纠正上会文件问题120余处。成都市旅游局以完备的程序制约权力运行，建立健全行政执法的事前、事中、事后公开机制，落实行政执法人员持证上岗和资格管理制度，坚持依法行政、文明执法、联合执法，坚持执法全过程记录制度，实现行政执法行为的全过程留痕和可回溯管理，对现场检查、调查取证、听证、文书送达等容易引发争议的行政执法活动，进行音像记录。青羊区通过制定《关于完善国家工作人员学法用法制度的实施方案》，在全区深入开展会前学法活动，全年区委常委会开展 4 次、区人大常委会开展 4 次、区政府常务会开展 5 次、区政协常委会开展 4 次，并在区级部门办公会、街道党工委会推行常态化会前学法制度。组织全区部分法治工作骨干，在西南政法大学开展依法治理工作专题培训，进一步提升全区法治干部队伍的能力素养。

（四）严格问责追责

——**2017** 年是执行《四川省党政主要负责人履行推进法治建设第一责任人职责实施办法》的首个年头，根据相关规定，成都市各上级党委对下级党政主要负责人履行推进法治建设第一责任人职责实行严格问责，严格执行法治工作责任制和责任追究制，对各地、各部门法治建设工作进行排序，碰硬末位约谈。对不履行或者不正确履行推进法治建设第一责任人职责的党政主要负责人，依照《中国共产党问责条例》等有关党内法规和国家法律法规予以问责。

——各区（市）县出台相应的实施细则，贯彻落实严格问责追责制度。郫都区全面推进法治问责，印发了《重大决策部署执行不力实施问责暂行办法》。蒲江县制定《蒲江县重大决策、重点项目和重要事项落地落实问责问效办法（试行）》。彭州市重点开展了领导干部任期经济责任"三责联审"工作，对领导干部遵守法律法规、执行财经纪律以及履行党风廉政建设责任情况进行了审计；成华区则建立了重大决策终身责任追究制度及责任倒查机制。

二、加强党内法规制度建设

（一）切实加强党内法规制度体系建设

——成都市紧密结合贯彻落实党的十九大最新部署，对照中央和省委已出台的党内法规制度，按照查漏补缺的原则，对我市党内法规制度建设情况进行了全面梳理，牵头研究制定关于加强我市党内法规制度的实施方案，明确**50**项新增制度制定任务，加快补齐制度短板，推动形成上下衔接的制度体系。编制《**2017**年市委规范性文件制定计划》，围绕贯彻落实市第十三次党代会精神，及时将一批综合性、基础性、主干性的制度文件纳入制定计划，为管党治党和经济社会发展提供了坚实保障。各地各部门均出台相应贯彻落实文件，全市党内法规制度体系不断完善。

（二）探索制定政治建设、思想建设、组织建设、作风建设等方面的党内法规

——2017 年，成都市开展了探索制定政治建设、思想建设、组织建设、作风建设等方面的党内法规。研究制定《成都市党员领导干部民主生活会实施办法》，进一步规范民主生活会制度、提高民主生活会质量，切实增强党内政治生活的政治性、时代性、原则性、战斗性；研究提出加强领导班子和干部队伍建设系统性思路政策，提出 16 条具体改革措施，切实加强领导班子专业化建设；加强党内法规教育的方式，将对党内法规的学习教育融入支部组织生活，融入对各级党组织和广大党员的教育培训和考核评价；研究制发《进一步规范全市基层党组织设置的通知》，严肃组织设置、理顺隶属关系、严密组织体系，进一步提升全市基层党组织建设规范化水平。

（三）扎实开展党内规范性文件的合法合规性审查与备案工作

——2017 年，成都市认真执行《市委规范性文件制定办法》，健全多方把关的合法性审查机制。在市委党内法规制度制定过程中，强化与市人大常委会法工委、市政府法制办、市纪委、市委组织部等有关部门协

作配合，充分发挥各方力量，确保各项政策措施合法合规、切实可行。围绕全面深化改革、国资国企改革、产业发展等方面重要政策制定，对拟提交市委常委会和市深改领导小组会审议的 50 余件规范性文件开展前置合法性审查，提出 270 余条合法性意见建议，确保各项政策措施不触法律红线、不越政策底线。

——全面做好党内规范性文件备案工作。一是认真做好对上报备工作，对以市委或市委办公厅名义制发的党内规范性文件，严格按要求报送省委办公厅备案。截至 2017 年 10 月底，共上报市委规范性文件 46 件，报备及时率和内容合法合规率均为 100％。二是认真开展备案审查工作。截至 2017 年年底，共对市委各部委、各区（市）县委报送的 221 件规范性文件备案审查工作，通过电话提醒、书面提醒、当面交流等多种方式及时纠正了报备文件存在的问题，并在全市范围内通报备案工作情况。三是制定下发《全面推进党内规范性文件下备一级工作通知》，推动各区（市）县对辖区内各乡镇（街道）党委（党工委）和区（市）县各部委制定的规范性文件开展备案审查。四是认真落实《党组工作条例》，研究制定关于开展市级部门党组（党委）规范性文件备案实施办法，建立健全党组（党委）备案工作机制，实现备案审查横向全覆盖。五是建立考核评价制度。将党内规范性文件报备率、报备及时率、报备规范率等情况，纳入目标绩效考评，对备案工作开展情况和审查中发现的问题及时予以通报。

（四）落实党委法律顾问、公职律师制度

——认真做好法律顾问和党内法规专家选拔推荐工作。根据市依法治市办统一部署，选拔八名熟悉党政工作的法律专家，推动组建市级四大班子法律顾问团，为市委重大决策和重要政策制定提供法律保障。与此同时，学习借鉴省委办公厅做法，整合省委党校和市委党校党建、法治专业力量，推动组建市依法执政暨党内法规研究中心，进一步提升依法执政理论研究水平。

三、推进全面从严治党

（一）有效运用"四种形态"推动标本兼治

——为深入贯彻落实中央和省、市相关部署要求，成都市纪委于**2017**年**7**月组织召开全市实践运用"四种形态"[①]工作座谈会，对加强纪律审查工作，特别是深化"四种形态"实践运用进行了工作部署。成都市各级纪检监察机关在第一种形态上狠下功夫，把第一种形态作为日常监督管理的重要手段，同时递进性地将后三

---

① "四种形态"为：第一种：党内关系要正常化，批评和自我批评要经常开展，让咬耳扯袖、红脸出汗成为常态；第二种：党纪轻处分和组织处理要成为大多数；第三种：对严重违纪的重处分、作出重大职务调整应当是少数；第四种：严重违纪涉嫌违法立案审查的只能是极少数。

种形态的监督执纪方式运用到对党员干部的监督当中，层层设卡、"动辄则咎"。**2017** 年以来，成都市各级纪检监察机关运用"四种形态"处理 **8910** 人次，各形态占比分别为 **54.98％**、**33.31％**、**6.16％**、**5.55％**（见图 **1**）。

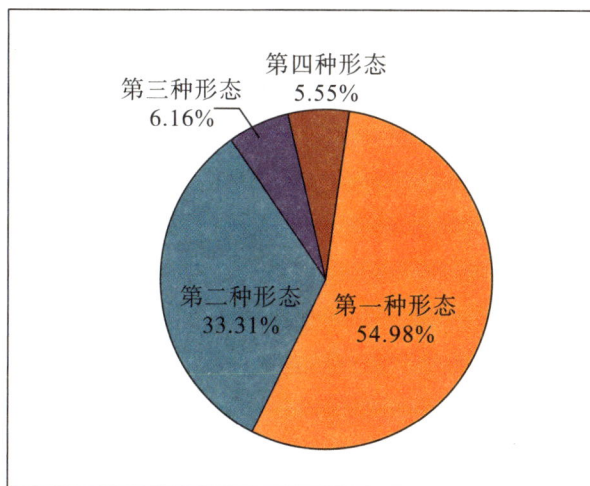

图 1　2017 年全市纪检监察机关运用"四种形态"处理 8910 人次

（二）完善落实容错纠错机制

——**2017** 年，成都市通过制度建设、机制建设等方式，完善落实了容错纠错机制。中共成都市委办公厅、成都市人民政府办公厅印发《关于建立容错纠错机制进一步保护干部干事创业积极性的实施办法（试行）》（以下简称《实施办法》）、《关于加强对受纪律处分和组织处理同志和人员教育管理和关心关爱的工作办法（试行）》，明确了容错纠错的指导思想、适用范围、基本原则等内容，对容错情形、实施程序、结果运用、纠错机制、澄清保护和保障措施等进行细化，为营造风清气正的政治生态环境提供了有力的制度保障。

——都江堰市、蒲江县、天府新区等相继探索建立运行党员干部容错纠错机制。都江堰市制定了《都江堰市关于建立容错纠错澄清保护机制激励党员干部干事创业积极性的实施办法（试行）》，共 **6** 章 **20** 条，在适用范围上除将全市各级党组织、党员干部全部纳入外，还将受委托行使公权力的临聘人员也纳入容错纠错澄清保护对象；蒲江县出台了《关于建立容错纠错和澄清保护机制、激励党员干部改革创新履职担当的实施意见（试行）》，从制度执行到程序规范都做了细致的规定和指导；天府新区积极探索建立运行党员干部容错纠错机制，将容错纠错机制的适用对象从领导班子成员、机关干部扩大到村（社区）"两委"成员（含挂职、借调、大学生村干部和临聘人员）。建立完善"容错"认定程序（申请—核实—认定—反馈—报备—跟踪）与容错认定结果，对属于"容错"的党员干部，可在年度目标考核、党风廉政建设责任制考核、干部提拔任用等方面不受影响，彻底从制度上"松了绑"。

——成都市农发投公司率先在我市国企中建立了容错免责机制，出台了《业务活动及经营管理工作容错免责机制实施办法（试行）》，明确免责范围和条件，保护支持党员干部"敢作为"，规范免责程序和成果运用，保护支持党员干部"能作为"，落实容错纠错机制，严守纪律底线强化责任追究。

（三）建立健全了廉政风险防控体系

——创新监管机制，是建立健全廉政风险防控体系的核心动能。2017年，我市自上而下多层次、全覆盖开展了述责述廉，内容涵盖履行领导责任、持之以恒正风肃纪、维护群众利益、加强教育监管、深化源头治理、坚决反对腐败、选好用好干部、严格执行党的纪律、落实中央八项规定精神转变作风和廉洁自律等多个方面。全市各级纪检监察机关坚持"一案双查"，持续加大追责问责力度，坚决释放"有责必问、问责必严"的强烈信号。2017年，全市因履行"两个责任"不力受到责任追究共计304起，涉及276人和78个党组织，倒逼全面从严治党主体责任落实。各区（市）、县也积极从机制创新着手，建立健全廉政风险防控体系。成华区纪委紧盯税收领域，把加强税收廉政风险防控体系建设作为重点工作之一，联合区税务系统，从加强教育、制定制度、常态化监督三个方面构建税收廉政风险防控新机制，预防基层"微腐败"；崇州市针对乡镇部门在执纪审理中存在的问题，积极探索改进机制，不断完善集体审理制度。建立崇州市审理联席会议制度，解决因乡镇部门审理业务水平参差不齐造成的量纪不准，对执纪审理工作中存在争议较大的案件和特殊案件进行集体审理。

——完善制度体系，是建立健全廉政风险防控体系的基本依托。成都市档案局通过完善政府工程建设项目招投标、财政资金监管、政府采购等制度，先后建立《物资采购制度》《合同管理制度》《财务管理办法》《预算管理与内控制度（试行）》《固定资产管理制度》《政府采购内部控制管理办法》，要求各处（部）室严格执行。锦江区纪委会同区信访局研究制定信访件"双向移送"工作制度，同时强化首问首办责任，以认真解决群众诉求，不断提高群众信访问题办理时效，进一步提升群众对锦江区党风廉政建设的满意度。

——利用信息技术，是建立健全廉政风险防控体系的重要抓手。新津县纪委运用"互联网＋""数字纪检"思维，建立覆盖全县66个纪检监察组织126人的"新津县廉政手机 APP"信息化管理平台。自2016年10月正式运行以来，已推送学习资料24期，发布工作任务1928件次，提醒工作158件次，开展在线测试14期，完成报批事项229人次，实现纪检监察业务工作在线管理、干部素质在线提升、队伍监管在线进行。金牛区作为推行行政执法公示制度、执法全过程记录制度和重大执法决定法制审核制度的国家级改革试点单位，区纪委全程介入，紧盯盲区死角，借助科技手段全程监督促使执法行为全程留痕，让权力在监督的"天网"下运行。在区政府和执法办案量大的部门，均建立了全方位、多角度监控的执法办案区，让执法人员的行为时刻处于监督之下。

——落实基层权力，是建立健全廉政风险防控体系的根本保障。我市始终坚持"以人民为中心"的工作导向，拓宽群众监督渠道，建立作风建设问题查找、整改反馈、群众评判机制，运用新媒体，搭建市、县、乡、村四级一体的综合举报平台，受理违反中央八项规定精神问题信访举报 199 件；创新打造《成都面对面·监督问责第一线》全媒体直播节目，推动现场监督问责、促进干部作风转变；健全党风政风满意度评价机制，把落实中央八项规定精神、纠正"四风"纳入评价体系，量化评估作风建设成效，推动群众反映问题的整改落实。2017 年党风廉政建设社会评价中，成都市党风廉政建设社会评价满意度指数为 86.83，较 2016 年增长 1.41。

（四）完善了腐败高发领域的制度建设

——2017 年，成都市从作风建设、权力运行机制建设等方面完善了腐败高发领域的制度建设，针对国企、国土、建设、教育等系统"靠山吃山"问题易发多发的情况，牵头开展专题调研，形成了系列规范性文件。与此同时，将 2017 年确定为成都市党风廉政建设制度执行年，市纪委多轮次开展专项调研督导，推动制度执行到位。市国资委对组建以来制定和代市委、市政府草拟的政策法规进行了全面清理，共清理规范性文件 **92** 份，废止 **27** 份，建议修改完善 **26** 份，新制定 **11** 项。**2017** 年，制订加强国企党的建设深化国资国企改革发展的实施方案"**1＋4**"工作文件，修订了产权交易监督与投融资管理办法，编印了《国资国企改革发展文件汇编》，形成《加强市属国有资产监管健全风险防控机制的若干规定》等系列制度规范。市国土局通过发布《**2017** 年成都市国土资源系统源头治理预防腐败重点工作实施方案》《关于开展廉政风险岗位排查的通知》《关于落实全市国土资源系统 **2017** 年党风廉政建设和反腐败工作任务分工的通知》，建立健全廉政风险防控体系，扎紧制度笼子。市建委积极探索党风廉政建设和作风建设制度措施，制定《党风廉政建设主体责任六项制度》，探索源头治理机制；积极开展廉洁社会单元试点创建活动，制定《关于加强成都市房屋建筑和市政基础设施国家投资项目招标投标监管健全风险防控机制的若干规定》《关于建立健全成都市工程建设领域廉政风险防控机制的若干规定》《预防腐败创新推进信用评价管理工作实施方案》。市教育局积极探索权力运行的规范化，一方面通过行政权力，规范教育事业产业发展，强制公开民办学校（含培训机构）基本办学条件、招生、收费等信息，受到市民好评。清理 **56** 所市管民办中初等培训机构，下放 1 所，其余"僵尸"机构将按规定逐步清理、下放或核销。召开民办学校年检工作会，发布年检工作通知，主动接受市民和媒体监督。另一方面，将行政权力的运行纳入法治轨道，修订《成都市教育系统重大决策事项社会稳定风险评估实施细则》，对 170 余件协议（合同）、规范性文件进行了合法性审查。对省厅受理的 10 起行政复议申请进行了回复，受理了 6 起行政复议案件，办理了 20 件政府信息公开申请，应诉了 10 起行政诉讼案件。市审计局研究制定了《成都市领导干部自然资源资产离任审计试点实施方案》，已经市委深改会审议通过，即将以市委办公厅、市政府办公厅名义印发执行。

（五）深入开展纪律审查并依法依纪查处贪腐问题

——2017 年，针对贪腐问题，成都市坚持无禁区、全覆盖、零容忍。坚决减少腐败存量，重点遏制腐败增量，市第十三次党代会以来，全市共处置问题线索 7835 件，同比增长 0.82%；立案 3816 件，处分 3994人，同比分别增长 17.63%、23.12%，同时加强反腐败协调与追逃追赃力度，追回"红通"人员 1 名，我市涉及的两名"红通"人员已全部追回。

——强化巡察监督机制，先后印发《成都市党委巡察工作实施办法（试行）》《市委巡察工作议事决策规则（试行）》《市委巡察工作指南》等系列实用性规范化工作规程，确保巡察工作按图施工、规范推进。市委启动了对 **11** 户市属国企和 **5** 所市属高校的第一轮巡察，发现问题 **967** 个，报送重要问题线索 **99** 件；对市交委、市农委、简阳市开展扶贫领域专项巡察，发现问题 **77** 个，报送重要问题线索 **15** 件；针对"熟人社会"的羁绊，在青白江区和新都区探索开展交叉巡察试点，积极探索破解人情社会的有效举措。同时，持续推进区（市）县党委巡察，全市 **22** 个区（市）县均成立了巡察工作机构，共巡察 **221** 家单位，发现问题 **5959** 个。

——重拳出击整治"微腐败"问题。成都市出台《开展专项治理"微腐败"工作实施方案》和《成都市治理"微腐败工作办法"（施行）》两个专项治理文件，推动全市治理"微腐败"面上工作有序有力开展。建立健全"严肃查处、通报曝光、反思剖析、回访监督、反馈促建"等制度机制，促进治理"微腐败"常态长效。积极发动群众监督，高频率开展随机走访和重点走访，坚持深入基层、深入群众了解收集民情民意，采取"坝坝会"等方式，零距离、面对面倾听群众意见。召开新闻通气会，举办"纪委开放日"，在成都电视台《今晚 **800**》栏目推出特别节目《亮剑"微腐败"成都在行动》 **28** 期、曝光"微腐败"典型案例 **24** 件，在"清廉蓉城"融媒体平台先后发布 **24** 期"每周时评"，向社会宣传治理做法成效，有效传递压力，大力营造治理氛围。

2017 年，对"微腐败"问题线索"清仓起底"2385 件，立案"微腐败"问题 1892 件，处分 1739 人，追责问责 336 件 416 人。

提高地方立法质量

强化实施监督

将治蓉兴蓉各项事业纳入法治轨道就必须坚持地方立法先行，发挥地方立法的引领和推动作用，抓住提高地方立法质量这个关键。**2017** 年，在成都市委的坚强领导下，成都市人大常委会深入贯彻落实党的十八大和十八届历次中央全会精神，认真学习贯彻党的十九大精神，以习近平新时代中国特色社会主义思想为指引，紧紧围绕全市工作大局依法行使职权，进一步构建"党委领导、人大主导、政府依托、各方参与"的地方立法工作格局，完善地方立法的程序和相关制度，形成较为完备的地方性法规和规范性文件体系，实现种类齐全、规范系统、相互协调，与国家法制体系相统一，主动回应全面体现新发展理念城市建设的立法需求。

一、完善地方立法机制

（一）进一步完善科学立法的工作格局

——坚持党对立法工作的领导。成都市人大始终围绕中央、省委、市委确定的发展战略，认真落实五年立法规划、年度立法计划。发挥成都市人大党组作用，落实立法工作中的重大事项和重要情况向市委请示报告制度，法规相关内容与我市改革发展稳定的大局保持协调一致，切实保障重大改革发展部署于法有据。形成《中共成都市人大常委会党组关于构建完善符合成都实际的城市管理法规体系研究工作的情况报告》《中共成都市人大常委会党组关于推动中国（四川）自由贸易试验区地方立法工作情况的报告》等向市委的汇报材料，切实把党委领导贯穿于立法工作的全过程。

——发挥人大立法主导作用。进一步强化人大在立项、起草、审议等立法环节中的组织协调作用。**2017**年，在立法工作中召开部门协调会、论证会、座谈会等**32**次，加强了部门之间的衔接和沟通，在常委会最终审议前解决了部分法规案争议较大的问题，其中《城市管理综合行政执法条例》《科学技术进步条例》获得市人大常委会的全票通过。

——依托政府对立法工作的支持。准确把握政府支持立法工作的内涵，发挥成都市政府在起草法规、实施法规、制定规章等方面的重要作用，依托政府的行政资源、专业优势、执法经验，强化沟通协商，密切协作配合，切实提高成都市地方立法的针对性和可操作性。

——充分保障公众民主参与。依托立法专家咨询平台和基层立法联系点工作机制等平台，扩大群众参与度。每部法规的修改与制定都能积极通过各区（市）县人大、市级有关部门、市人大常委会基层立法联系点收集各方意见建议，并直接听取部分人大代表、政协委员、立法咨询专家委员会、立法协商专家组的意见，及时通过《成都日报》、人大官网等媒体平台向社会公众征求立法意见建议。**2017** 年审议通过的法规共收集各类意见建议 **730** 余条，其中对《科技进步条例》收集的 **183** 条、《城乡规划条例》收集的 **247** 条、《历史建筑与历史文化街区保护条例》收集的 **100** 余条、《城市管理综合行政执法条例》收集的 **300** 余条各类意见进行集中梳理研究。

（二）完善地方立法的程序与相关制度

——落实立法协调联动机制。**2017** 年共向区（市）县人大、市级有关部门征求关于国家法律草案的意见 **6** 件（次）、四川省法规草案的意见 **7** 件（次）、成都市法规草案的意见 **7** 件（次）以及下一个五年立法规划项目建议，均得到相关单位的回复。

——做好立法论证与评估。认真落实市委关于中心城区一体化发展的部署要求及市人大常委会主要领导的指示。**2017** 年 **11** 月 **9** 日至 **14** 日，市人大法制委、常委会法工委会同相关专门委员会，市政府法制办、相关法规的主要实施部门召开研讨会，对相应法规进行了逐件评估和论证，并就下一步处理问题初步形成统一认识。

——依法有序落实备案审查工作。**2017** 年以来审查规章 **2** 件、规范性文件 **34** 件、协助审查市委规范性文件 **97** 件。在加大备案审查工作力度的同时，积极主动与制定机关沟通交流，了解情况，反馈意见，达成共识，提高审查监督实效。

（三）健全立法咨询专家制度

——**2017** 年，我市进一步健全立法咨询专家制度，切实发挥好立法咨询专家献言献策作用。立法咨询专家对《成都市城市综合管理条例》《成都市城市轨道交通管理条例》等多部地方性法规的制定、修改进行研究，对《中华人民共和国土壤污染防治法（草案）》《四川省就业创业促进条例（草案）》《成都市城乡规划条例（草案）》等多部法律、地方性法规草案提出修改意见，在《成都市科学技术奖励办法》专题审查工作中，对规章中是否存在与相关上位法以及本市地方性法规不一致或者相抵触的情况进行了重点审查和论证。立法咨询专家委员会的工作提升了成都地方立法工作水平，提高了立法质量。

二、加强重点领域立法

（一）完成重点领域法规的立改废

——根据市委关于中心城区一体化发展的部署要求及市人大常委会主要领导的指示，市人大法制委、常委会法工委全面梳理了我市现行地方性法规，梳理出直接或者间接涉及中心城区范围优化和管理体制调整问题的法规共 **23** 件。在此基础上，市人大法制委、常委会法工委就相关修改问题书面征求了法规的主要实施部门和新纳入中心城区管理范围的区人大常委会的意见建议。

——以民生需求为导向，立足现实问题，成都市在 **2017** 年及时制定修订城市规划、生态环境、交通安全、文化教育、养老医疗等领域关乎广大人民群众利益的一批地方性法规。完成了包括《成都市城乡规划条例》《成都市市容和环境卫生管理条例》《成都市城市轨道交通管理条例》《成都市社区教育促进条例》等系列法规的制定、修订和实施工作，构建起符合成都实际的民生建设规则制度体系。

（二）加快构建全面体现新发展理念城市建设需要的城市法规体系

——加强生态环保领域的立法。**2017** 年 **2** 月 **24**

日，成都市第十六届人民代表大会常务委员会第 **31** 次会议修订《成都市城乡规划条例》，确立了绿色、低碳、生态、可持续发展理念，规定市人民政府应当专门制定全市生态保护规划等相关专项规划，划定城市开发边界，确定生态保护红线，规范了中心城区、中心城区外其他圈层和旧城改造的规划要求；**2017** 年 **6** 月 **22** 日，成都市第十六届人民代表大会常务委员会第 **34** 次会议通过了《成都市城市管理综合行政执法条例》，将部分环境执法（烟花爆竹、社会生活噪声、秸秆焚烧等）并入城市管理综合行政执法范围，加强执法队伍建设，落实各项保障措施，规范设置执法程序，构建统一协调的城市管理综合执法体系，强化了环境案件的政府监管力度。

——加强历史文化保护领域立法。**2017** 年 **4** 月 **19** 日成都市第十六届人民代表大会常务委员会第 **32** 次会议通过了《成都市历史建筑和历史文化街区保护条例》，对历史建筑实行分类保护，明确历史建筑的保护责任主体，创设普查、推荐、认定程序，统一设置保护标志，允许合理利用历史建筑。加强对历史文化街区的规划管理，纳入专项规划编制，明确保护原则、保护内容、保护范围、保护措施等，强化法律责任。

——加强城市管理领域立法。**2017** 年 **6** 月 **22** 日，成都市十六届人大常委会第 **34** 次会议通过了《成都市城市管理综合行政执法条例》，明确了成都市城市管理综合行政执法的"空间范围"和"对象范围"，设定了政府监督、内部监督、交叉监督、社会监督四种监督机制等；2017年2月24日，成都市十六届人大常委会第31次会议修订《成都市燃气管理条例》，确立了燃气规划与建设、经营与服务、安全管理等基本管理制度，对规范燃气市场主体行为、强化政府监管、增强全社会燃气安全意识、保障公民人身、财产安全和公共安全等，具有十分重要的意义；2017年6月22日，成都市十六届人大常委会第34次会议修订《成都市科学技术进步条例》，细化企业、科研机构自主创新的具体促进措施，发挥企业在科技创新活动中的主体作用等，推动创新驱动先导城市建设；2016年12月29日成都市第十六届人民代表大会常务委员会第29次会议通过《成都市城市轨道交通管理条例》，2017年6月1日施行，使得成都市轨道交通事业有了制度化的规范和保障。

三、加强法律实施监督与民主监督

（一）人大加强法律法规实施监督

——成都市人大及其常委会把监督推进成都市地方性法规实施作为依法治市的重要抓手，制定执法检查条例，规范执法检查活动，加强和改进法规实施监督检查。截至2017年年底，成都市人大及其常委会连续五

年对环城生态区保护条例实施进行监督检查，确保
133.11 平方千米生态用地永续存在。修改《烟花爆竹
燃放管理规定》以后，以春节期间和绕城高速公路以内
区域为重点，连续三年节后即听取禁放工作专项报告，
促进禁放成效巩固提升。

——成都市人大及其常委会创新立法后评估机制，
引入第三方参与，从法规的合法性、合理性、操作性、
技术性、实效性等方面入手，客观评估法规执行情况，
促进法规有效实施。2017 年对《成都市科学技术进步
条例》进行评估，及时修订完善条例，解决科技创新中
出现的问题。

——成都市人大及其常委会继续为推进基本公共教
育和医疗卫生服务供给侧结构性改革，解决发展不平衡
不充分的问题，对城市新区公共服务设施配套建设工作
情况开展专题询问，提出着力增强规划的科学性和现实
性、大力发展公办幼儿园、增强义务教育供给能力、加
大教育服务和医疗服务创新力度等意见建议。

——成都市人大及其常委会持续关注环境保护，针
对空气质量新标准的实施和我市冬季大气污染较为严重
的实际，结合大气污染防治法执法检查，首开专题询问
先河，促进大气污染源解析研究、重点污染源治理、环
境空气质量监测子站建设等工作加快落实。听取环境保
护工作情况报告，推进中央、省环保督察中发现问题的

整改工作。专题审议秸秆综合利用和禁烧、土壤重金属污染治理等情况报告，坚决打赢污染防治"三大战役"。市、区联动对环城生态区保护条例执行情况进行检查，开展专题询问，强调确立环城生态区建成的主要标志和时间节点，加快推进锦城绿道建设，刚性保护生态环境资源。听取和审议龙泉山脉生态植被恢复工程建设情况报告，强调保护与开发并重，实现绿化与美化相统一。

——成都市人大及其常委会开展食品安全法执法检查，就我市食品安全情况开展专题询问，监督推进监管体制完善、企业主体责任落实、无证摊贩治理等工作，实现"从田间到餐桌"监督检查全覆盖。

（二）政协强化法律法规民主监督

——成都市政协开展了"推进政府行政职能转变，聚焦行政审批制度改革"民主监督。创新民主监督方式，对"商事制度改革"开展体验式监督，通过对监督事项的全流程办理，发现问题、找出症结、提出建议，形成了《成都市商事制度改革民主监督意见建议》的报告，提出了进一步加大成都市政府各级各部门间深化改革的协同配合力度，应用先进网络技术，尽快完善"互联网＋政务服务"网络信息系统推送平台，深入研究改革中出现的新问题，加强事中事后监管等意见建议。

——组织市、区两级政协委员民主监督黑臭水体治理民主监督。针对成都市7个城市建成区44条河流、

53 段、144.6 千米黑臭水体，发动组织市、区两级委员采取随机视察、明察暗访等方式，重点围绕治理责任主体是否落实、治理措施是否到位、治理工作是否按计划完成、管护长效机制是否建立、治理效果是否达标、群众是否满意开展民主监督，形成的监督报告报送市委，受到市委书记范锐平的肯定批示。

——开展精准扶贫脱贫攻坚民主监督。市政协由主席会议成员牵头，办公厅、研究室、各专委会和高新区政协工作联络处为主要责任单位，组成 11 个民主监督小组，对简阳精准扶贫脱贫攻坚工作进展情况进行民主监督。同时对成都市 10 个区（市）县对口支援甘孜藏族自治州 4 个县（市）、阿坝藏族羌族自治州 5 个县（市），成阿工业园建设的进展情况开展了民主监督，提出有针对性、可操作性的意见建议，有力助推了我省藏区脱贫攻坚工作。

——成都市政协精心组织、主动作为，把环境保护和生态文明建设作为政协履职尽责、发挥作用的重点，通过专题协商、民主监督、重点调研、专题视察、提案等形式，献诤言、建良策，有效助推成都生态文明建设工作。四川省和成都市迎接中央环境保护督察工作领导小组对市政协发挥优势、积极助推环保督察迎检所做的工作都给予了充分肯定，分别以工作专报（第 140 期）和环保督察简报（第 52 期）的形式转发政协做法。

增强依法行政能力
建设法治政府

2017 年，成都市委、市政府印发《成都市法治政府建设实施方案（2016—2020 年)》（成委发〔2017〕8 号），提出 118 条推进措施，进一步明晰法治政府建设"路线图""任务书"和"时间表"。根据省政府法治政府建设工作安排和依法治市工作安排，印发《成都市人民政府 2017 年度法治政府建设工作安排》（成办函〔2017〕81 号），从 7 个方面对全市法治政府建设工作进行安排部署。以深化"放管服"改革、依法科学民主决策、严格规范公正文明执法、深化政务公开和依法化解社会矛盾纠纷为重点，加快建设法治政府，推进依法行政。2017 年，成都市荣获"法治政府建设典范城市"称号。

一、强化统筹谋划

（一）强化组织部署

——为深入贯彻落实中共中央、国务院《纲要》和省委、省政府实施方案，年初市委、市政府出台《成都市法治政府建设实施方案（2016—2020 年）》，提出 118 条推进措施，进一步明晰法治政府建设"路线图""任务书"和"时间表"。同时，根据依法治省工作安排和省政府法治政府建设工作安排，印发《成都市人民政府 2017 年度法治政府建设工作安排》。召开市政府依法行政工作会，通报 2016 年法治政府建设推进情况，对 2017 年法治政府建设工作任务进行安排部署。

（二）完善政府常务会议会前学法制度机制

——印发《2017 年度市政府常务会议学法安排》，对市政府常务会学法讲法进行部署，全市共开展政府常务会会前学法 563 次。其中，市政府常务会议开展会前学法 35 次，组织学习宪法，环境保护，安全生产、规划，城乡建设管理等方面的法律法规和政策。成都市政府常务会会前学法工作被《人民日报》盘点为全国法治政府建设亮点工作，"领导干部法治思维培养"指标在 2017 年法治政府评估中得到满分，并被列举为典型事例。

（三）强化考核指导

——印发《2017 年度成都市依法治市工作考核方案》和《成都市 2017 年省政府目标依法行政工作考核办法》，制定考核实施细则，进一步优化法治政府建设考核结构。加强"节点式"跟踪问效和问题管理，组织开展年度检查考核，实行刚性扣分制度，强化考核的推动作用。印发《关于建立政府法制工作片区会议制度的通知》，建立政府法制机构联动协作工作机制，加强政府法制机构工作互联互动。召开区（市）县政府法制办主任会，研究新情况，查找新问题，部署新任务。编印13万余字的《法治政府建设工作重要文件选编》，进一步加大工作指导力度。

二、深化"放管服"改革

（一）治理"奇葩"证明

——2017年4月，成都市出台《成都市人民政府办公厅关于印发〈成都市村（社区）证明事项保留清单〉的通知》（以下简称《通知》），组织各区（市）县和市级有关部门，对村（社区）证明事项进行集中清理，明确清理原则，从村（社区）实际开具的证明入手，采取自下而上和自上而下相结合的方式，梳理出313项村（社区）证明事项，涉及政府部门32个。随后，成都市政务服务中心、市民政局和市法制办联手，逐项审核并反复论证，凡需保留的村（社区）证明，严格遵循办理依据只认法律法规和省级以上规章、文件的原则，从5月1日起，成都市取消各类证明298项，仅保留15项（见图2）。

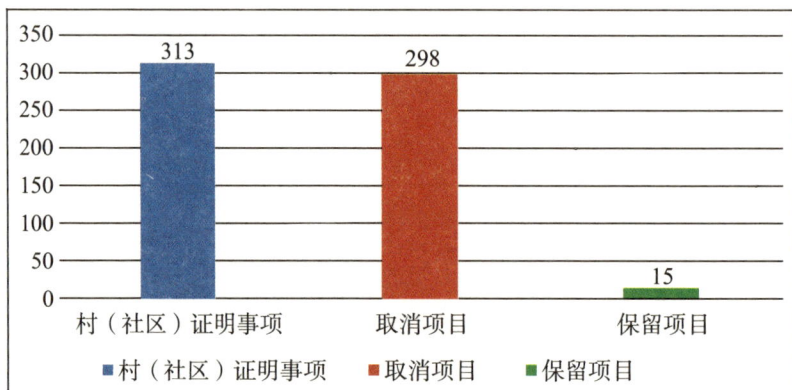

图2　2017年成都市治理"奇葩"证明统计情况

　　——为保证规范办理保留事项、彻底清理取消事项，成都市采取措施多管齐下，着力打造依法办事的整体环境。一是强化清单管理，对公布的保留清单实行动态管理和建立退出机制，确保村（社区）证明事项只减不增、各级各部门一律不得要求办事群众提供未在清单范围内的村（社区）证明；二是引入承诺机制，对于未纳入保留清单但有关部门认为取消后存在较大监管责任的村（社区）证明事项，市政府有关部门以个人声明或承诺的方式替代村（社区）证明材料；三是统一文书格式，对确定保留的村（社区）证明事项，制定办事指南、简化文本样式、明确办理用途、规范法律依据，并主动公布；四是力推大数据建设，通过加快基础数据信息共享工作，健全完善公民个人信息大数据库，在各级政务大厅设立信息查询窗口或自助智能查询打印一体机，为办事群众提供个人信息一站式、一键式查询及打印服务，实现部门单位间信息共享；五是开展专项督查，对成都高新区、成都天府新区及 **20** 个区（市）县证明清理规范后续工作多次开展专项督查，确保治理"奇葩"证明行动落地见效（见图 **3**）。此项工作得到国务院肯定，并在全国推广，进入国家"砥砺奋进的五年"大型成就展。

图 3　2017 年成都市多管齐下打造依法办事整体环境

（二）深入推进简政放权

——**2017** 年，成都市人民政府办公厅印发《关于 **2017** 年成都市简政放权放管结合优化服务工作要点的通知》（成办函〔**2017**〕**61** 号），确立简政放权、放管结合、优化服务工作的主要思路为：深入学习贯彻党的十八大、十八届三中、四中、五中、六中全会、习近平总书记系列重要讲话和国务院政府工作报告精神以及省、市重大决策部署，以转变政府职能为核心，紧紧围绕供给侧结构性改革和经济发展转型升级，持续推进简政放权、放管结合、优化服务，为有效推进全面体现新发展理念的国家中心城市建设和自贸试验区建设提供有力的体制机制保障。具体工作举措包括持续推进行政审批制度改革、着力推进投资审批制度改革、大力推进职业资格改革、深入推进收费清理改革、加快推进商事制度改革、统筹推进教科文卫体改革、持续推进行政权力清单制度建设工作、持续推进责任清单制度建设和加快推进依法行政工作九大方面（见图**4**）。

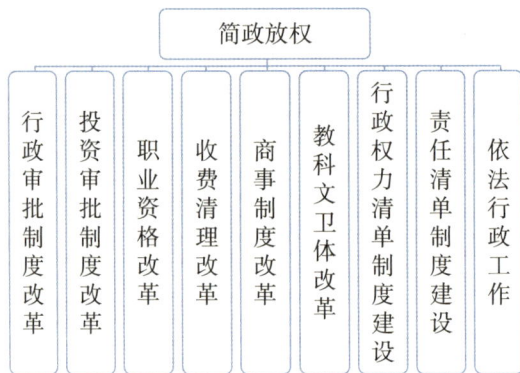

图4　简政放权九大举措

（三）全面清理精简前置审批条件

——进一步精简行政审批事项，取消行政许可**18**项，依法动态调整审批服务事项（小项）**105**项，"全链条"下放关联、相近类别事项，加快推进行政许可标准化建设。**2017**年成都市本级共办理政务审批服务事项**252208**件。大力精简行政审批前置条件，清理行政审批前置条件**1109**项，初步保留**774**项、减少**335**项，减幅达**30.2**%；依法规范行政审批前置中介服务项目

457 项，初步保留 **107** 项、减少 **350** 项，减幅达 **76.6％**。将涉审中介机构分为咨询类、设计类、评估（价）类等 **8** 种类型并纳入《行政审批中介机构目录》，明确事项名称、收费标准、办理时限等，实行动态管理（见图 **5**）。

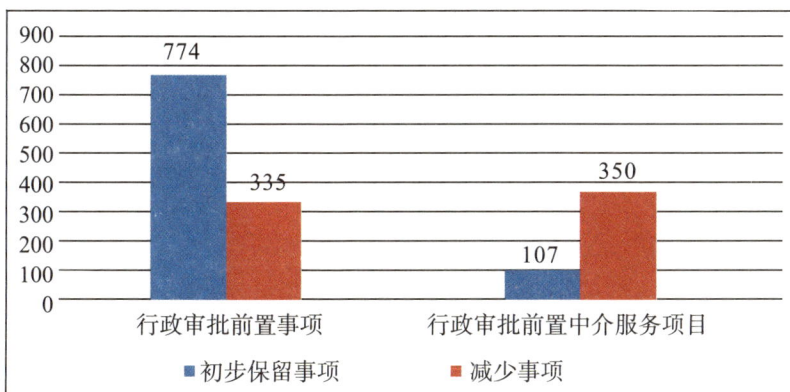

图 5　2017 年成都市精简行政审批前置事项统计情况

（四）清理规范涉企经营服务性收费

——为深入推进收费清理改革工作，健全政府购买服务工作推进机制，探索建立分部门编制政府购买服务指导目录机制，制定政府购买服务负面清单，严格实行收费目录清单管理制度，按时向社会公布 **2017** 年行政事业性、政府性基金、涉企行政事业性收费目录，落实好政府定价的涉企经营服务收费、进出口环节经营服务收费、行政审批前置中介服务收费等"三项收费"目录清单制度；严格落实国家、省、市全面清理规范涉企收费措施，加强监督检查力度；进一步加强对社会组织的监管，将社会组织开展业务活动、遵章守纪、信息公开、诚信服务、接受监督管理、违法违纪查处等事项，纳入社会组织测评体系建设内容，测评结果通过成都信用网、成都社会组织信息网向社会公开。

——对于涉企经营性收费，印发《关于认真清理规范涉企经营服务性收费的通知》（成发改收费〔2017〕439号），深入清理重点领域，全面规范违规中介服务收费；公布《2017年成都市市级政府定价的涉企经营服务收费目录清单》，加强市场调节类经营服务性收费监管；修订并公布《成都市政府性基金目录清单》《成都市行政事业性收费目录清单》《成都市涉企行政事业性收费目录清单》三张目录清单，印发《关于集中公布一批涉企经营服务性收费减免措施的通知》，持续为企业减轻负担。

（五）深化商事制度改革

——切实推进商事制度改革，进一步整合涉企证照事项。印发《关于进一步推进实施多证合一登记制度改革的通知》，全面实施"先照后证""多证合一"，认真落实"双告知"制度，共向相关职能部门推送"双告知"信息38702条。2017年，全市新登记市场主体390050户，同比增长43.58％（见图6）；新增注册资本10325.67亿元，同比增长43.59％（见图7）；市场主体总户数和总注册资本均位居副省级城市第2位。

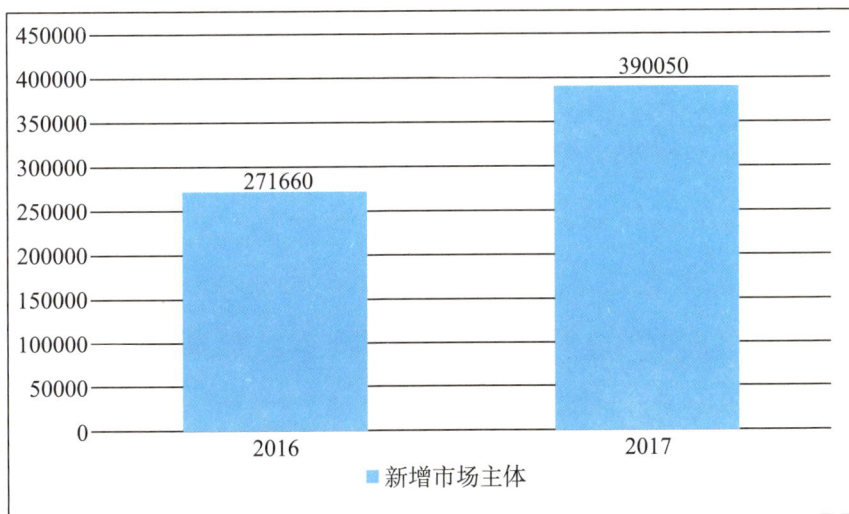

图 6　2016—2017 年成都市新增市场主体统计情况

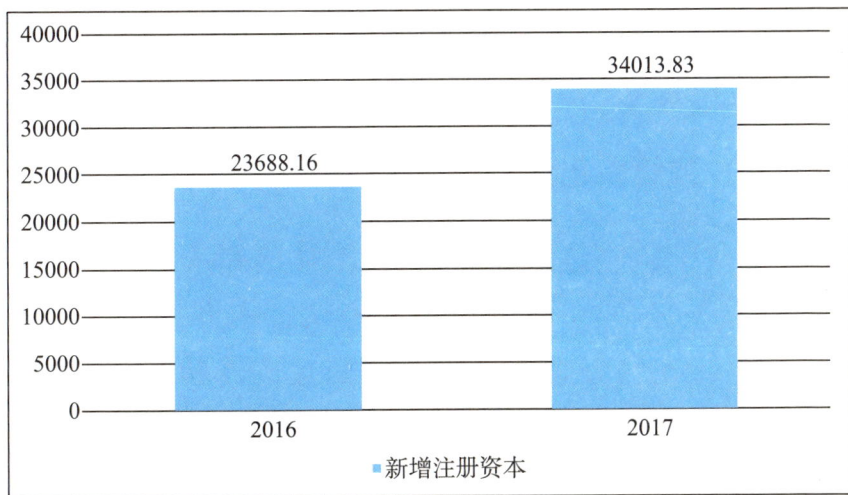

图 7　2016—2017 年成都市新增注册资本统计情况

——强化事中事后监管，在 **19** 个区（市）县设置市场和质量监督管理局。全面启动企业简易注销登记制度改革，进一步简化市场退出机制，全市 **2692** 户企业通过国家企业信用信息公示系统发布了简易注销公告。

积极推进网上名称预先核准和全程电子化网上登记工作，放宽企业名称登记管理限制，推行"互联网＋"企业名称网上核准，核准网上申报企业名称15992件。创新企业住所（经营场所）登记试点改革，进一步放宽企业住所（经营场所）登记条件，已适用新政完成了1925户企业登记。2017年9月28日，成都市企业登记全程电子化系统正式上线运行，在成都市全域范围内，内资有限公司和股份公司设立登记的各登记注册环节全部实现"无纸化"全程电子化登记。成都市作为"推动工商注册制度便利化工作及时到位、落实事中事后监管等相关政策措施社会反映好的市、县（市、区）"受到国务院通报表彰。

（六）持续深化清单管理制度

——持续推进行政权力清单制度建设工作，加强行政权力清单动态化管理，对接全省行政权力运行数据库。根据行政权力事项设立依据的立改废和行政职权的调整情况，完成市建委、市交委、市国土局、市卫计委、市环保局、市水务局等单位的507个行政权力事项的审核调整。

——持续推进权力清单和责任清单深度融合，落实负面清单制度。优化企业投资项目审批（核准）管理，开展企业投资项目"承诺制"试点工作，积极稳妥推进成都市政府和社会资本合作；推动自贸试验区投资便利化，实行外商投资"准入前国民待遇加负面清单"管理模式，完善外资监管服务体系；在全国首次开出两份内外资准入"负面清单"，营造有利于国内外投资者平等进入的市场环境。

（七）进一步优化政务服务

——进一步做好政企服务工作，采用线上线下相结合的方式，提升政企服务水平；定期召开企业（行业）和政府间座谈会（沙龙），倾听企业呼声，帮助协调解决困难问题，营造我市一流营商环境；深入推进"两集中、两到位"①，市级行政审批 **99.8％** 入驻并授权给市政府政务中心。

——加快推进网上审批工作，市本级 **41** 个部门单位 **727** 个审批服务事项实现网上办理，开通率达 **97.6％**。市本级办理政务审批服务事项 **267349** 件，办结 **265567** 件，群众对审批服务事项办理的满意度达 **100％**。积极推进政务服务平台建设，整合各级各审批服务部门和公共企事业单位政务信息资源、办事服务接口，形成全市统一的政务服务接入管理平台。推进"家在成都"互联网平台（网站、APP、微信公众号）建设，为在蓉外籍人士提供中英双语新闻资讯、生活资

① "两集中、两到位"是指为深化行政审批制度改革，建立规范高效的审批运行机制，提高行政服务效能，推进一个行政机关的审批事项向一个处室集中、行政审批处室向行政审批服务中心集中，保障进驻行政审批服务中心的审批事项到位、审批权限到位。

讯、政策指南等信息。探索政务服务"一窗式"模式，推出外国人来蓉工作"一窗式"服务窗口。"成都市创新创业'一站式'政务服务大厅"正式揭牌运行，共梳理创新创业政策 217 条，产业规划载体 198 个。深入推进"互联网＋城市"行动，我市成为国内首批智慧城市国际标准两个试点城市之一。

（八）加强自贸区法治保障

——成都自贸试验区面积 100 平方千米，重点发展现代服务业、高端制造业、临空经济、口岸服务业等产业。截至 10 月底，成都自贸试验区新增注册企业 14899 家，新增注册资本 2229.91 亿元，其中新增外资企业 155 家，注册资本 10.36 亿元。2017 年 1 月—9 月全市实现货物贸易进出口总值 2834.7 亿元，同比增长 56％；出口 1448.5 亿元，增长 50.7％；进口 1386.2 亿元，增长 62％。

——加快建立与自贸区试点举措相匹配的制度机制。梳理向上争取政策支持涉及的法律、法规和规章 23 件，清理涉及贸易流通领域的规章和规范性文件 416 件，对涉及自贸区建设的政策、措施、文件进行合法性审查。研究起草《中国（四川）自由贸易试验区（成都区域）重大行政决策公开听证管理办法（草案）》，成立自贸区专家咨询委员会。制定《关于服务保障成都自贸试验区建设的意见（试行）》，向自贸区分批次下放共

23 项市级管理权限。探索低碳制造认证工作，印发《成都自贸试验区法制保障组探索开展出口产品低碳制造与碳足迹认证实施方案》。

——深入推进自贸区事中事后监管。推进"双随机、一公开"监管改革，组织自贸区 4 个落地区域召开专门会议，督促自贸区各行政执法部门按照市场主体、监管领域、重点区域和主要行为等类别，搭建"双随机、一公开"监管工作平台，全面清理自贸区行政执法人员资格，完善执法检查人员名录库。

——建立健全国际仲裁、商事调解机制。设立成都国际商事仲裁院，研究起草国际仲裁规则，聘任 32 名仲裁员并进行专门培训。中国贸促会服务中心、四川分会、仲裁中心、调解中心四个机构正式挂牌。

三、推进行政决策科学化、民主化、法治化

（一）严格落实重大行政决策程序规定

——严格落实重大行政决策公众参与、专家论证、风险评估、合法性审查和集体讨论决定的程序规定。完善政府重大决策机制，以 2015 年制定的《成都市重大行政决策程序规定》为基础，明确总的程序规定，同时先后制定完善了相配套的专项具体工作规范，包括《成都市重大行政决策事项公示和听证暂行办法》《成都市

重大行政决策事项专家咨询论证办法》《成都市重大决策社会稳定风险评估办法》《成都市全面建立法律顾问制度实施细则》《成都市人民政府法律顾问室工作规则》《成都市行政首长问责暂行办法》和《成都市行政机关公务员行政过错行为行政处分规定》等制度，形成了总程序规定与专项工作规范相配套的"1+7"重大行政决策制度体系，强化了重大行政决策的刚性约束。成都市"1+7"重大行政决策制度体系，注重行政程序合法合理及兼顾效率，是全国唯一形成决策机制制度框架体系的城市（见图8）。

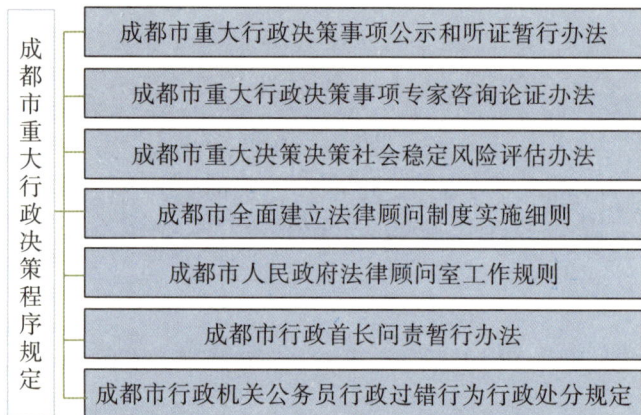

成都市重大行政决策程序规定

- 成都市重大行政决策事项公示和听证暂行办法
- 成都市重大行政决策事项专家咨询论证办法
- 成都市重大决策决策社会稳定风险评估办法
- 成都市全面建立法律顾问制度实施细则
- 成都市人民政府法律顾问室工作规则
- 成都市行政首长问责暂行办法
- 成都市行政机关公务员行政过错行为行政处分规定

图8　成都市"1+7"重大行政决策制度体系

（二）强化决策合法性审查

——把重大行政决策管理作为年度法治政府建设工作安排的重要内容，纳入年度考核，推行重大行政决策立卷归档管理，完整记录重大行政决策公众参与、专家论证、风险评估、合法性审查、集体讨论决定情况，推动重大行政决策规范化管理。凡重大行政决策事项，在完成组织公众参与、专家论证、风险评估等法定程序，并经本单位法制机构进行合法性审核后，提交政府法制办进行合法性审查。未经合法性审查或者审查不合法的不得提交政府全体会议或者常务会议讨论。全市共办理文件、协议、合同等合法性审查 **9996** 件次。

——加强重大行政决策合法性审查工作的督导检查。将合法性审查工作纳入年度法治政府工作安排和评议考核的重要内容，加强"过程管理"和"节点式"跟踪问效，不定期组织开展督促检查，督促县（市）区政府和政府部门严格落实省、市重大行政决策程序规定，提高重大行政决策质量。

——健全完善政府法律顾问相关工作机制，充分发挥政府法律顾问专业优势，保证政府法律顾问在制定重大决策、推进依法行政中发挥积极作用。全年政府法律顾问共提出法律意见 **500** 余件。进一步加强政府法律顾问队伍建设，完成新一届政府法律顾问的聘任工作，确保法律顾问工作质量。

（三）扎实开展规章、规范性文件清理工作

——完成以审计结果作为政府投资建设项目竣工结算依据的行政规范性文件专项清理工作，市政府废止政府规章 **1** 件、规范性文件 **3** 件。开展全市"放管服"改

革涉及的规章和规范性文件清理工作，市政府废止规章 3 件，修改 9 件，废止规范性文件 58 件，修改 7 件；市级部门废止规范性文件 232 件，修改 87 件；各区（市）县废止规范性文件 572 件，修改 156 件。开展涉及生态文明建设和环境保护的规章、规范性文件集中专项清理工作，市政府修改规章 11 件、规范性文件 3 件；市级部门废止规范性文件 107 件，修改 14 件；各区（市）县废止规范性文件 201 件，修改 38 件（见表 1）。

表 1　成都市 2017 年规章、规范性文件清理工作

文件种类　　　项目类别		规章		规范性文件	
		废止	修改	废止	修改
政府投资建设项目专项清理		1	*	3	无
"放管服"改革规范性文件清理	市政府	3	9	58	7
	市级部门	*	*	232	87
	各区（市）县	*	*	572	156
生态文明建设和环境保护规范性文件清理	市政府	*	11	*	3
	市级部门	*	*	107	14
	各区（市）县	*	*	201	38

四、严格规范公正文明执法

（一）深化行政执法体制改革

——进一步明晰市、区（市）县和乡镇（街道）对市场主体和市场行为的监督管理职责，界定执法主体，

整合执法力量，有序推进相对集中处罚权工作和跨部门、跨行业综合执法。推进试点区（市）县综合执法体制改革，明确执法责任，减少执法层级。崇州市坚持以信息化促程序化、规范化、透明化、智能化，创建了综合行政执法体制改革的"崇州模式"；彭州市加大综合执法改革力度，在综合行政执法和各行政部门之间建立常态化工作衔接机制与协调机制；双流区创新执法方式和监督管理机制，制定完善区综合执法局"三定"方案，明确责任边界，实行清单管理，厘清行政管理职能与行政执法职能的关系；双流区、崇州市进一步整合规划、国土、水务、交通运输等方面的执法职责，实施"大城管"综合执法。推动整合同领域或相近领域执法队伍，在 **19** 个区（市）县设置市场和质量监督管理局。**2017** 年，在《法治政府蓝皮书：中国法治政府评估报告（2017）》中，在"跨部门综合执法"这一指标上，成都市得到满分的佳绩。

（二）狠抓行政执法"三项制度"试点工作

——**2017** 年，成都市金牛区作为唯一一个国家中心城市的中心城区入选国家试点地区，成都市入选四川省推进行政执法三项制度试点地区。市政府紧密联系实际，突出问题导向，进一步加大对金牛区全国试点工作的指导力度，专门召开专题会研究金牛区试点方案，实地督促调研，指导完成方案起草工作。目前，金牛区率先在全区行政执法部门全面设立法制科室，将区市场和质量监管局等 **21** 个行政执法部门中涉及政策法规、依法行政、行政决策审核等科室职责进行整合，统一设置政策法规科，统筹负责各部门法治政府建设、行政执法监督、合法性审查、法制宣传等职责，形成了区法制政务办、部门法制科分工有序、层级监管、统一高效的执法管理体制；建立了"多渠道、全方位、可互动"的执法公示载体，"全留痕、可追溯、信息化"的执法全过程记录平台和"法制前、集体议、会议定"的重大执法决定法制审核模式，初步形成可复制可推广的经验。在总结金牛区行政执法三项制度试点经验基础上，加强全市行政执法"三项制度"组织推进，召开全市全面推进行政执法三项制度座谈会，出台《成都市行政执法公示规定》《成都市行政执法全过程记录规定》《成都市重大行政执法决定法制审核规定》，以制度保障和推进严格规范公正文明执法。此项工作在国务院法制办行政执法三项制度中期检查中得到了检查组的肯定和高度评价，并进入国家"砥砺奋进的五年"大型成就展。

（三）深入推进"双随机、一公开"监管改革

——加大"双随机、一公开"[①] 监管改革督促力度，

---

① "双随机、一公开"是指在监管过程中随机抽取检查对象，随机选派执法检查人员，抽查情况及查处结果及时向社会公开。

基于"公开为常态、不公开为例外"的原则，各部门将单位的主要职能、主要职责、行政处罚事项、行政处罚自由裁量标准等 20 余种信息向社会进行了公开；指导督促各区（市）县和市级行政执法部门分类制定和细化随机抽查事项清单，完善"一单、两库、一细则"，合理确定随机抽查的比例和频次，加强配套制度建设，强化事项公开透明。采取电话邀请、网上报名等方式邀请人大代表、政协委员、行风监督员参与"双随机"抽查，以观摩、体验式执法的方式全程监督，有效促进行政执法的公开、透明。开展专项监督检查工作，印发《关于开展"双随机、一公开"工作监督检查的通知》（成依法行政办〔2017〕8 号），对双流区、崇州市等 8 个区（市）县进行了抽查，确保配套制度完备，抽查比例和频次合理，实现随机抽查事项 100％全覆盖、"双随机、一公开"监管全覆盖，确保不留盲区、不留死角。全市共计 12872 件事项列入随机抽查事项清单，2082301 个监管对象列入监管对象名录库，20132 名行政执法人员列入检查人员名录库。

（四）加大重点领域执法力度

——加大食品药品安全、环境保护、安全生产、社会治安等重点领域执法力度，加大对违法行为的查处，全市共开展执法检查 60 万余次，实施行政许可 291.88 万件、行政处罚 1996.67 万件、行政强制 28.09 万件、

行政征收 **565.28** 万件、行政检查 **73.66** 万件、行政确认 **299.85** 万件、行政奖励 **2484** 件、行政裁决 **11588** 件、其他行政权力事项 **522.31** 万件。推进行政执法和刑事司法"两法衔接"，健全行政执法和刑事司法衔接机制，印发《成都市行政执法与刑事司法衔接专项工作目标考评实施意见》《成都市开展"打击破坏环境资源违法犯罪专项活动"和"打击危害食品药品安全违法犯罪专项活动"的实施方案》，组织、指导、监督行政执法机关及时移送涉嫌犯罪案件。全年，行政执法机关向"两法衔接"平台报送行政处罚案件 **3.2** 万件，通过平台向公安机关移送涉罪案件 **330** 件，公安机关立案 **189** 件。

（五）加强对行政执法活动的监督

——开展行政执法案卷评查工作，对 **20** 万余件行政许可、行政处罚和行政强制案卷进行自查和抽查，及时反馈通报问题、督促整改，提升全市行政执法案卷制作水平和质量。严格行政执法人员准入制度，加强行政执法人员资格管理，组织开展全市行政执法人员资格清理和行政执法证审验，共清理、审验 **15839** 人，其中 **546** 人未通过。组织开展新上岗行政执法人员资格培训考试共 **43** 余期，共 **3000** 余人，新颁发行政执法证件 **4588** 件。

（六）深入推进错时延时执法

——在公安、交通、城市管理、食品管理、工商管理、医药卫生、环境保护、安全生产、劳动监察、旅游市场及文化市场等 **11** 个部门和系统开展错时延时工作制试点，坚持精简提效，优化工作时间，全市政务服务系统错时延时服务窗口办件总量 **36.6** 万件，让企业和群众办事更省心、更便捷，实现"群众在哪里、服务就在哪里，市场在哪里、监管就到哪里"，确保执法无盲区、监管全覆盖。

五、全面深化政务公开

（一）进一步加大政务公开力度

——认真落实国务院《〈关于全面深化政务公开的意见〉的实施细则》和《四川省 **2017** 年政务公开工作要点》，出台《全面深化政务公开工作的实施意见》，进一步健全政务公开制度，深入推进决策公开、执行公开、管理公开、服务公开和结果公开。进一步明确任务分工，要求各级部门围绕"稳增长""促改革""调结构""惠民生""防风险"五个方面内容加强政务公开（见图 **9**）。具体包括推进全市重点项目情况公开，推进政府和社会资本合作（PPP）项目信息公开，全面公开PPP相关法律法规、政策文件、项目进展等信息，做好项目准备、实施等阶段信息公开工作，加大对社会资本参与方式、项目合同和回报机制等内容的公开力度；

推进"放管服"改革信息公开，行政许可、行政处罚等行政权力运行结果在市政府政务中心网站上、市大数据和电子政务管理办公室行权平台上集中公开，让公众了解放权情况、监督权力行使、评价运行效果；推进发展新产业、培育新动能工作信息公开，围绕开展全面创新改革试验，加大对重大改革事项、可复制可推广改革经验等的公开解读力度；推进减税、降费、降低要素成本信息公开，围绕新出台的减税降费政策措施，在发改委门户网站集中展示、及时更新行政事业性收费项目、及时公开清理规范涉企经营服务收费目录等各项政策措施，扩大传播范围，让更多市场主体知晓政策、享受实惠；围绕防范重大舆情及突发事件影响社会稳定推进公开，建立健全舆情收集、研判、处置和回应常态化机制，严格执行突发事件、新闻发布会时限要求，提高回应效果，充分利用政务微博、微信等新媒体和发改委网站互动功能，提升回应信息的到达率。全年，主动通过全市网络平台公开各类政务信息400余万条，办理公开申请7000余件，公开解读信息5200余条，行政规章、规范性文件公开率100%。我市政府透明度位居全国前列。

图9 成都市政务公开五方面

（二）深化基层政务公开标准化规范化试点工作

——根据《国务院办公厅关于印发开展基层政务公开标准化规范化试点工作方案的通知》（国办发〔2017〕42号）和四川省《关于印发四川省开展基层政务公开标准化规范化试点工作实施方案的通知》（川办发〔2017〕90号），结合成都市实际，重点围绕征地补偿、拆迁安置、保障性住房、农村危房改造、扶贫救灾、市政服务、公共资源交易、义务教育8个方面，依托基层公开综合服务监管平台重要载体，对照《基层政务公开范围指引》，统筹推进事项梳理、标准制定、流程规范等试点工作，具体包括深化公开内容、强化政策解读和创新政务公开方式。坚持以公开为常态、不公开为例外，推进决策、执行、管理、服务和结果公开，实现公开内容覆盖权力运行全流程；严格执行市政府办公厅《关于印发成都市政策解读规定的通知》（成办函〔2016〕191号），扎实推进公开即时解读、跟踪回应解读、常态化解读和综合集成解读，实现政策解读覆盖政策有效期的全过程；完善基层公开综合服务监管平台，优化移动客户端功能，推进政务公开向基层有效延伸，实现基层党务、政务、村（居）务等一体化推进。成都市的基层党务、政务、财务、村（居）务一体化公开模式，在全国率先建成全市统一的基层公开综合服务监管平台，覆盖各区（市）县、**374** 个镇街、**4260** 个村社，公开村级公共服务和社会管理专项资金 **12** 万余项，平台访问量突破 **1** 亿人次，打通了政府联系服务群众的"最后一公里"。加强政府信息对外公开门户建设，市政府门户网站连续 **3** 年蝉联全国省会城市网站绩效评估第一名。

（三）制度化推进网络理政

——**2017** 年，成都市全面建成集市、区（市）县、乡镇（街道）**2659** 个领导网络信箱于一体的网络理政平台，实现了受理平台、办理系统、工作标准、办理流程、考核监督、数据共享"六个统一"。市政府网络理政平台同时开发建设了网页版和 APP 移动客户端，构建起集电话、网络信箱、短信、微信、移动客户端"五位一体"的多元化、全天候的民生诉求受理体系，实现了全市民生诉求受理平台统一、服务标准统一（见图 **10**）；通过建立全过程自动归集民生诉求数据库，依托大数据技术，对民生诉求数据进行整理和挖掘，构建区

（市）县、市级部门办事效率模型，综合分析社情民意趋势和特点，系统梳理政府治理中存在的薄弱环节和突出问题，研究评判区域社会治理和社会发展水平，科学评价区（市）县、市级部门的行政效能，研究改进和创新政府管理的方式方法，提升政府服务发展、服务民生的水平和能力。

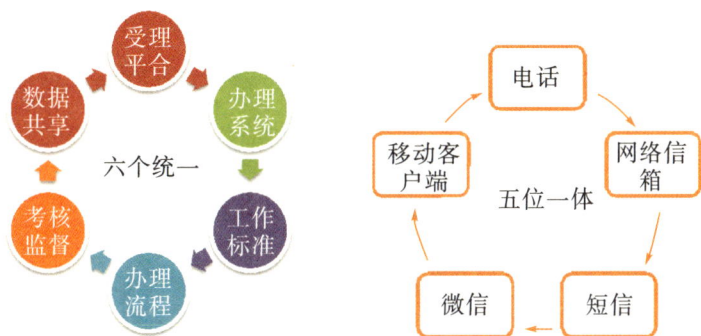

图 10　2017 年成都市网络理政平台建设的"六个统一"与"五位一体"

——进一步健全网络理政制度机制，持续优化市政府网络理政平台系统，开展"网络理政·真情面对"、民生诉求社会评议，推进基层网络理政第三方评议。根据诉求内容，通过网络征集、基层推荐等方式，邀请党委政府工作人员、人大代表、政协委员、律师、记者、基层代表、网民代表等组成第三方评价小组，对部门认为考核结果不合理及诉求群众与承办单位"各执一词"的问题进行客观评价；针对群众关注度较高的常见、突发问题，新出台的政策法规，建立网络理政平台收集整理、部门回应解读、传统媒体与新媒体同步推送相结合

的回应解读联动机制，及时回应社会关切。每月编印
《中共成都市委书记信箱群众来信综合分析报告》和
《成都市网络理政平台运行分析报告》，分析通报群众来
电来信办理情况，积极服务市委市政府决策。全年网络
理政平台累计收到群众来电来信 **236.3** 万件，回复办理
率 **99.2％**、诉求解决率 **84.1％**、群众满意度 **86.7％**。
12345 市长公开电话荣获"百分百接通"奖和"先锋"
奖，成都网络理政创新实践被评为"**2017** 民生示范工
程"第一名。

六、积极依法化解社会矛盾纠纷

（一）切实履行行政复议职责

——充分发挥行政复议解决行政争议的主渠道作
用，全市共办理行政复议案件 **3431** 件。健全行政复议
审理机制，推动行政复议案件公开审理和行政复议委员
会专家审理，召开行政复议委员会案件审理会议，对重
大疑难行政复议案件进行集中研究，增强行政复议的透
明度和公信力。开展行政复议案卷评查工作，集中对全
市 **30** 个行政复议机关的 **90** 件行政复议案卷进行集中评
查，提升办案质量。积极配合上级行政复议机关做好复
议工作，严格执行上级复议机关的复议决定。

（二）加强和改进行政应诉工作

——为深入推进依法行政，加快建设法治政府，规范行政应诉行为，不断提升行政应诉能力和水平，根据《国务院办公厅关于加强和改进行政应诉工作的意见》（国办发〔2016〕54号）和《四川省加强和改进行政应诉工作实施办法》（川办发〔2017〕46号），印发成都市《关于进一步加强和改进行政应诉工作的实施意见》（成依法行政办〔2017〕9号），对行政应诉工作做出了进一步规范，推动落实行政机关负责人出庭应诉，建立行政机关负责人出庭应诉年度通报制度、建立健全白皮书和专报制度、建立健全司法建议制度、建立健全类案处理制度。2017年，全市共办理行政应诉案件4200件。

（三）加强行政调解和仲裁工作

——深入推进专项调解，健全行政调解、人民调解、司法调解"三调联动"机制，提升矛盾纠纷的源头治理、合力化解水平。2017年，全市共受理行政调解46万余件，调解成功率达95%；完善仲裁机制建设，规范仲裁行为，提高民商事仲裁的公信力。成都仲裁委共受理案件1220件，审结1143件，案件标的额54.26亿元。加强仲裁队伍建设，做好成都仲裁委换届工作，加强新聘仲裁员业务培训。

推进政法工作改革

维护公正司法

2017 年，成都市各级政法机关坚持稳中求进工作总基调，深入推进司法体制改革，进一步提高司法质量、效率和公信力；突出问题导向，将专项治理和系统治理、综合治理、依法治理、源头治理有机结合，提高对各种矛盾问题预测、预警、预防的能力；加强政法队伍建设，营造良好生态；注重科技创新，以信息化、智能化为依托，推动政法工作转型升级。

一、持续深化司法责任制度改革

（一）深入推进司法人员的合理配置和分类管理

——通过严格落实"规定动作"，科学配置审判资源，实现对全市两级法院员额法官、审判辅助人员与司法行政人员配置比例的再优化。改革后，全市法院首批共遴选员额法官 1140 人，占政法专项编制的 39.05％，司法行政人员已控制在 15％以内，未入额法官及新招录在编干警，除司法行政和司法警察岗位外，全部转任法官助理，作为员额法官的后备梯队人才，书记员通过增加聘用制控制数方式进行补充，为审判一线配足人员。

——全市检察人员实行分类管理，从原有的1226名检察官中遴选出员额检察官680名，确保检察官在司法一线办案，对案件质量终身负责。改革后，全市检察官、检察辅助人员、司法行政人员分别占政法专项编制的33.9％、51.4％、14.7％。健全办案组织，组建知识产权、金融、网络、环境资源案件等专门办案组，共设置592个办案组织，其中独任制检察官520个，检察官办案组72个。两级院入额领导全部直接办案，办案量占分管部门人均办案量的37％。

（二）加快完善司法责任制

——市检察院科学配置检察官职权，将268项检察职权进行分级授权，对系统内1447类文书进行整理，梳理出各业务条线最低审批权限、办案单元内部的法律文书黑名单、白名单，优化办案流程，检察权运行和实效更为科学合理。制定《成都市人民检察院案件质量评查办法》，严格执行《成都市人民检察院检察人员执法办案责任追究办法（试行）》，落实"谁办案谁负责、谁决定谁负责"原则，办案质效明显提升。

——市检察院全年批准、决定逮捕嫌疑人15860人，提起公诉24770人，同比分别上升13.60％和14.72％。其中，批捕故意杀人、强奸、抢劫、绑架、放火、爆炸等严重暴力犯罪 1022 人。起诉毒品案件 3972 人，同比上升 **20.25**％，有罪判决率为 **100**％。办理了最高检、公安部督办的"**8·25**"特大跨境电信诈骗案，起诉非法吸收公众存款类案件 **267** 人，立案侦查职务犯罪案件 **398** 人。扎实开展提起公益诉讼工作，立案 **53** 件，履行诉前程序 **37** 件，**36** 件通过诉前程序得到解决。

——市法院明确以"提升司法质量、效率和司法公信力"为改革根本价值追求，以"放权法官、服务法官、管理法官"为具体目标的"一体三维"改革导向，深入推进司法责任制改革。

——**2017** 年全市两级法院受理案件 **354952** 件，办结 **317831** 件，结案率为 **89.54**％，同比分别上升 **20.92**％、**25.11**％和 **3** 个百分点（见图 **11**）。其中，（见图 **12**）刑事审结案件数量 **19253** 件；民事审结案件数量 **174175** 件；行政审结案件数量 **5736** 件；全市法院人均结案 **291.85** 件，同比增长 **127.85** 件。**2017** 年全市法院院庭长共办理案件 **140231** 件，同比增长 **49.73**％，占受案总数的 **39.5**％。

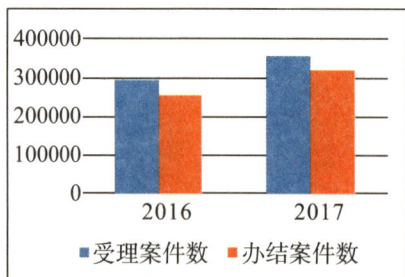

图 11　2016—2017 年全市两级法院
案件受理与办结数量

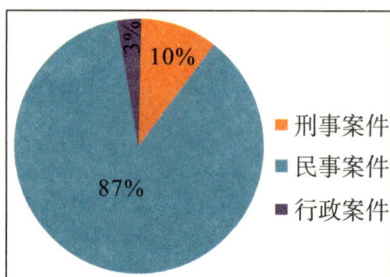

图 12　2017 年两级法院审结三大类
型案件数量

其中，市中级人民法院受理案件 **45773** 件，其中旧存 **5367** 件，新收 **40406** 件，审结 **39479** 件，结案率为 **86.25**％，未结案 **6294** 件，结收比为 **97.71**％（见图 **13**）。

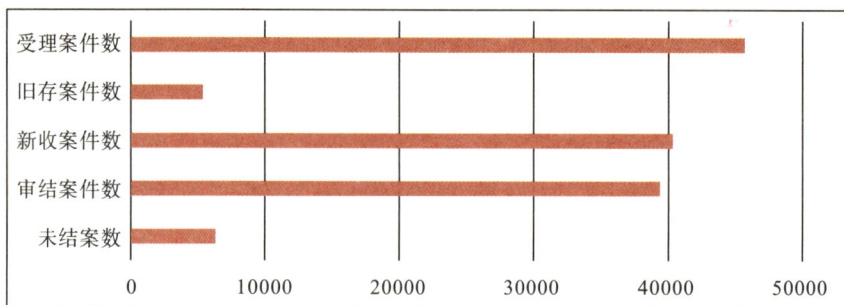

图 13　2017 年成都市中级人民法院案件审结情况

（三）积极完善司法人员的职业保障体系

——市法院积极推动审判职业保障体系建设。依托成都市法官协会平台，组建成都市法官协会法官权益保障委员会，制定《成都市法官协会法官权益保障委员会工作规则》，明确法官依法履职遭受不法侵害事件的处置程序和方式。出台《对院庭长之外的员额法官进行"提级管理"的实施意见》，充分保障和发挥员额法官的主体地位和主体作用。制定印发《员额法官和审判辅助人员办案业绩考核实施方案（试行）》《绩效考核奖金分配实施细则（试行）》，明确各类人员绩效考核基本原则、适用范围、分配办法等，倒逼各类人员履职尽责，有效激发队伍内生动力。

——市检察院突出办案业绩为导向，制定《成都市人民检察院检察官、检察辅助人员办案业绩考评细则（试行）》，分业务条线对检察官进行业绩考评，明确不同主体的考核重点和考核权重，设置考评结果复议程序。检察官绩效考核的结果记入个人绩效考核档案，考评结果与绩效奖惩、等级晋升挂钩。通过一年的运行，总体上实现了奖勤罚懒、奖优惩劣的目标，激发了检察官个人内生动力，提升了办案热情。

（四）稳步推进法检两院内设机构改革

——市法院探索内设机构"大庭制＋大部制"管理改革试点。**2017** 年 **6** 月，成都市中级人民法院制定出台《"大部制"管理模式试验运行方案》，提出"先后有序、内外有别、分合有度"的原则，按照近、中、远三阶段目标和五项步骤有序推进，在"编制和领导职数不变"的基础上正式在内部启动"大部制"管理模式，实现"大部制＋扁平化"的新型内部组织模式（见图

14）。各审判业务庭按照刑事、民事、商事、行政诉讼进行大部门归口，将现有的**25**个内设机构划归为九个大部（庭），法院内部呈现出主要审判部门"大庭—审判团队"的结构，凡涉及裁判业务的，按扁平化管理模式运行，简化管理层级，实现审判质效的有效提高。同时，重构院庭长在新的组织模式中的作用与地位：主管院领导直接管理审判团队，负责承担带头办案、监管办案、法律政策研究、审判规则制定等职责；庭长（副庭长）以回归司法职能为重点，以审判团队的资深法官为主要角色，以办案、业务指导、团队管理为主业。结合员额法官各自擅长的专业审判领域，按照"1＋n＋1＋n"的模式组建**45**个审判团队，

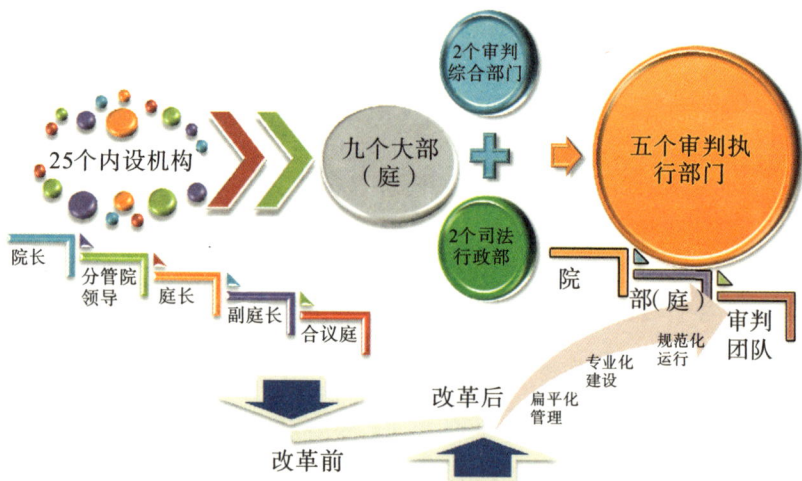

图 14 探索"大部制"背景下的扁平化管理模式

——**2017**年**12**月，市检察院成功主办"检察机关

内设机构优化设置改革研讨会"，邀请国内 **11** 个先期开展内设机构改革的省市检察机关代表和专家学者，深入研讨内设机构优化设置理念和实践，为高起点推进改革提供思想和理论准备。

二、推进公安改革、司法行政改革

（一）稳步推进现代警务运行机制改革

——"三队一室"警务机制改革。在天府新区分局"大部门、大警种"制改革试点工作基础上，**2017** 年，成都市公安局重点推进派出所"三队一室"（办案队、社区警务队、治安巡防队、警务指挥室）警务机制改革工作，实现了警力的合理配备。推进环境、食品药品和旅游领域公安工作快速发展，成立成都市公安局环境犯罪侦查支队。有效提升我市公安机关社会治安防范能力与对违法犯罪活动的打击能力。

——围绕公安部打击犯罪新机制要求，坚持以"大数据"平台为基础，以"大情报"应用为核心，以"大联动"合成为支撑，以"大集群"攻坚为抓手，大力加强现场勘验、指纹、DNA 等刑事科学技术应用能力，全面加强刑侦基础信息标准化采集，积极构建信息化条件下具有成都特色的打击犯罪新机制。不断强化警用地理、天网、智能交通、治安卡口、高速公路监控等各类视频监控资源应用意识，提高应用能力服务侦查破案。

（二）深化执法权力运行机制改革

——全面贯彻落实中央、省委关于《关于深化公安执法规范化建设实施意见》，制定出台《成都市深化公安执法规范化建设实施意见》及《责任分工方案》。继续推进受立案制度改革，目前全市两级公安机关全部成立案件管理中心，并完成硬件、软件及配套制度建设，案件接收移交、电子卷宗制作、文书管理、"两法衔接"等均已统一规范，各案管中心规范、有效、高速运转。

——进一步规范民警侦查取证行为。分警种、分专业围绕应对庭审实质化改革、提高侦查取证能力组织开展了多次专题培训。加强执法办案场所规范化建设，严格落实《现场执法全程同步记录管理规定》《讯问犯罪嫌疑人录音录像工作规定》，强化讯问记录规范等措施，完善证据收集工作机制。严格落实《人民警察执法过错责任追究规定》，建立健全冤假错案防止、纠正和责任终身追究制度，确保全市公安机关及其人民警察依法正确履行职责。

（三）推进人民警察管理制度改革

——加快推进人民警察及警务辅助人员管理制度改革。制定出台《关于规范公安机关警务辅助人员管理工作的实施意见》及 **6** 个配套办法。做深做细警务辅助人员管理工作，开展专项教育活动及清理整顿活动。

（四）深入推进法律服务体系建设

——构建城乡一体普惠型法律服务体系。打造"社区（村）法律之家"集成服务平台，建成 **43** 个"社区（村）法律之家"示范点；打造法律援助惠民服务平台，完成县级规范化法律援助接待受理大厅、**30** 个规范化乡镇（街道）法律援助工作站建设等民生目标，服务群众达到 **7** 万人次；面向全社会公布了全市（含区县）公共法律服务热线电话（市级 **12348** 热线＋**22** 个区市县热线），打造集法治宣传、法律咨询、法律服务指引和法律服务投诉等功能为一体的服务平台，让广大群众切实享受到专业、高效、便捷的法律服务；升级"互联网＋公共法律服务"在线服务平台，建立开通"成都法援"公众微信号，抓好"成都律宝"运用，升级国家司法考试咨询服务平台，建设"互联网＋法治宣传"矩阵，让更多群众享受到优质高效的法律服务。

——全面完成涉法涉诉信访公益法律服务站建设并投入使用。截至 **2017** 年 **10** 月，律师参与涉法涉诉信访值班工作共 **275** 人次，共接待涉法涉诉信访群众 **153** 人次，接访案件 **143** 件。据全市各级公安机关统计，**2017** 年律师在各级公安机关信访部门参与接待 **383** 人次，接待群众 **122** 批 **175** 人次；参与涉法涉诉案件 **58** 件，化解案件 **37** 件，息诉案件 **26** 件。

（五）深入推进律师制度改革

——截至 **2017** 年 **12** 月 **31** 日，全市有律师事务所 **651** 家、执业律师 **11641** 人；办理诉讼案件 **70427** 件；办理非诉讼法律事务 **22276** 件，担任法律顾问 **18816** 人；全市共有司法鉴定机构数量 **30** 家、司法鉴定人员数量 **416** 人，司法鉴定检案数量 **1.5** 万件；全市公证机构数量 **23** 家、执业公证员数量 **231** 人、办理公证事项数量 **50.67** 万件；全市法律援助机构接待来访接听来电法律咨询数量 **104980** 件次；批准承办法律援助案件 **9483** 件（见图 **15**、**16**、**17**）。

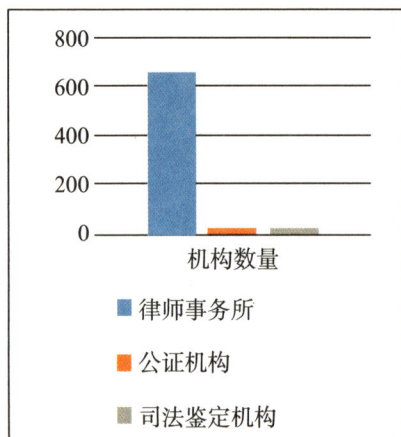

图 15　法律服务机构数量

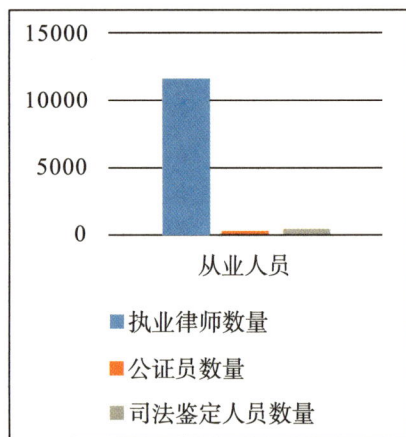

图 16　从业人员数量统计

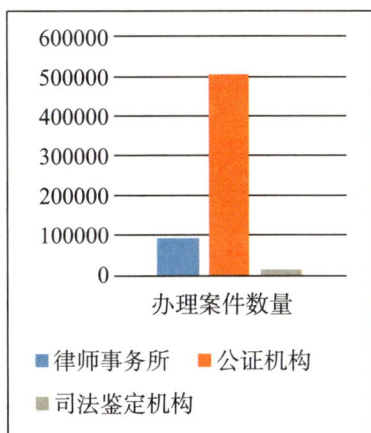

图 17　处理案件数量统计

　　——市委政法委推动建立保障律师执业权利联席会议制度。市公安局制定了加强律师执业权利保障工作的制度规范，进一步规范全市公安机关在律师会见犯罪嫌疑人、知情权保障、执业投诉、常态沟通等方面的工作。**2017** 年 **5** 月，市看守所启用新的律师会见中心，推行律师会见当面预约、网上预约、电话预约等制度，推行"全时段无等候"，做到"省内首创、国内领先"。市检察院全面推进律师接待大厅建设，为律师提供现场电子阅卷、纸质阅卷、电子卷宗数据光盘刻录和异地阅卷等多种服务。市法院与市律师协会建立了信息互通机制、联动协调化解工作机制、联席会议研究法律意见机制，确定专门的律师接访室、电子触摸屏、录音录像设备，为律师接访提供阅卷保障、后勤保障、秩序维护保障等，充分保障律师执业权力。建立律师投诉快速受理核查联动机制，依法处理侵害律师知情权、申请权、会见权等执业权利的行为，共同核查处理涉律师举报投诉。

——加强律师规范化管理。一是制定《成都市律师行业诚信评价体系》，建立成都市律师综合信息系统和"成都律宝"APP，采取定量评价和公示记录相结合的方式，对律师事务所进行诚信评价，公众可通过律师综合信息系统查询。二是印发了《关于认真贯彻落实〈四川省司法行政法律服务行业行政投诉处理办法〉的实施意见》，建立了投诉查处督查工作机制，指导市律师协会成立"投诉受理查处中心"，健全工作制度，畅通投诉渠道，提升行政监管和行业惩戒的快速反应能力和整体工作合力。三是以律师行业党的建设为统领，把党的要求贯彻到律师执业活动中，不断推向常态化、制度化。

（六）深入推进社区矫正工作

——健全社区矫正制度，实现全市两级机构建成率**100**％，建成标准化社区矫正中心**15**个，对社区服刑人员交、接、管、帮、罚、送、解等工作环节的全流程进行精细化管理；打造衔接配合"显形化"平台，实现社区矫正工作环节和档案台账的全流程标准化管理，推进电话汇报录音、生物考勤识别、执法记录仪、电子腕带等各项软硬件与社区矫正信息管理系统的对接；推进社区矫正执法办案规范化，截至 **2017** 年 **10** 月，市局及

22 个区（市）县司法局、317 个司法所已完成社区矫正信息管理系统设施设备采购。全市 2016 年 7 月以后的社区矫正电子档案录入已基本完成，有力保障了刑罚正确实施。截至 2018 年 1 月，成都市社区服刑人员在册数为 6386 人，累计接收社区服刑人员 30537 人，重新犯罪率控制在 0.07％左右，远低于全国平均水平。

三、推进公正高效权威司法建设

（一）大力构建多层次诉讼制度体系

——市法院探索各类案件繁简分流的具体形式和标准，制定下发刑事、民事、行政三大领域案件繁简分流文件，建立复杂案件与简单案件、个案与集团案件的分流审理大格局，由三分之一的法官审理三分之二的"简案"，三分之二的法官审理三分之一的"难案"，形成"简案快办、难案精审"的新格局。积极开展认罪认罚从宽试点工作，确定成华区法院、龙泉驿区法院、大邑县法院为基层法院的首批改革试点单位；探索符合改革要求的制度规范和操作模式。市检察院在办案程序中通过分案集中受理、优化审查方式、简化文书制作、建立类案指导规范等措施，实施案件繁简分流，提高办案效率，确保繁案精办，为实质化审理提供司法空间。2017年，全市检察机关办理"轻刑快办"案件 5803 件，同

比增长 **50**％，案件适用率增长 **11** 个百分点。市级政法各部门制定并推进落实关于繁简分流、轻刑快办、非法证据排除、证人和鉴定人出庭指导意见等文件规定。

（二）持续深入推进以审判为中心的诉讼制度改革

——市法院综合推进"三大庭审"改革。成都中院在全国率先部署推进"三大庭审"改革，制定下发 **59** 个制度规范，对庭前会议、庭审调查、当庭认证、当庭宣判、裁判文书制作、律师权益保障等作详细规定，综合推进三大庭审改革。市检察院制定下发《成都市检察机关关于深化以审判为中心诉讼制度改革及庭审实质化工作的意见》，规范引导侦查，严格证据审查，坚决排除非法证据，防止"带病"起诉。"四类人员"出庭 **445** 件，出庭案件数达到全市普通程序案件总数的 **10.8**％。市公安局加强公安民警出庭作证知识、技巧的培训，推动民警出庭作证工作。目前，全市民警出庭作证达 **500** 余人次。**2015** 年 **12** 月改革开启至 **2018** 年 **4** 月，全市法院共开实质化的试验示范庭 **1434** 件。改革成效进一步扩大，最高人民法院向全国推介我市庭审实质化改革经验。

（三）加快推进规范刑事诉讼涉案财物管理处置改革

——市委政法委不断深化改革创新，积极探索全国首创的刑事诉讼涉案财物管理开放共治新模式，得到中央领导充分肯定，主流媒体高度关注，社会各界广泛认同，全国各地学习借鉴。在 **2017** 年 **9** 月初召开的全省深化涉案财物管理处置工作推进会上，省委常委、政法委书记、公安厅厅长邓勇同志充分肯定该模式，要求各地优先考虑推行该模式。

——市委政法委牵头抓总，扎实做好涉案财物管理"前延后伸"工作。前端推动开展为期三个月的违规查封、扣押、冻结刑事诉讼涉案财物专项整治活动，通过源头规范"查扣冻"行为，有效消除后端相关处置隐患。目前，专项整治活动已经结束，整治了一批突出问题，取得了一定成效。后端扎实开展为期四个月的积压涉案财物专项处置活动，推动政法部门涉案财物处置行为不断规范，处置机制更加完善，处置力度持续加大，处置效果积极显现。活动期间，全市政法部门共处置积压涉案物品 **8** 万件、积压涉案款项 **1.19** 亿元，已进入处置程序的积压涉案物品 **17.45** 万件、积压涉案款项 **1.22** 亿元，已处置和已进入处置程序的积压涉案物品、涉案款项分别高达总数的 **81.11**％和 **71.02**％。

（四）加快完善知识产权司法保护体系

——**2017** 年，市法院成立成都知识产权审判庭和成都知识产权审判庭（新都）巡回法庭，创新案件审理机制，对外发布《**2016** 年度知识产权司法保护白皮书》，助推成都国家知识产权强市和四川引领型国家知识产权强省建设。**5** 月 **19** 日，成都知识产权审判庭"知识产权要素式审判机制"被省全创办确定为我省第一批全面创新改革试验可复制可推广经验成果，**5** 月 **21** 日，省政府以川府函〔**2017**〕**84** 号文件确认该机制为省内扩大试点的改革举措之一。

——市检察院健全知识产权专业化检察办案机构，率先在副省级城市检察院建立知识产权专业办案团队，制定《成都市人民检察院关于加强知识产权司法保护的意见》，围绕"监督资源、监督范围、监督环节"三个一体化工作机制，整合"侦捕诉"等职能，建立知识产权"三合一"办案模式，探索知识产权保护新路径，起诉知识产权犯罪案件 **105** 件 **225** 人，成功办理一批新型疑难复杂案件。高新区检察院全国首创的知识产权案件"双报制"，成功入选成都自贸区可复制可推广的首批十大典型实践案例和四川自贸区第二批可复制可推广经验案例。

（五）合力破解生效判决执行难问题

——市法院开展执行"一体化"改革切实解决"执行难""执行乱"两大突出问题。以被最高法院确立为全国执行改革试点法院为契机，全面推进执行机制、执行模式、执行管理和执行监督改革，形成执行案件与执行资源"统一指挥、统一管理、统一协调"的"一体化"执行体系，实现执行体制从混权向分权、机制从单一向多元、模式从传统向智能、管理从粗放向集约、监督从平面向立体"五大"转变。**2017** 年，全市两级法院共计受理执行案件 **115037** 件，结案 **103747** 件，同比分别上升 **46.53%**、**52.81%**，结案率 **90.19%**，同比上升 **4** 个百分点。

——**2017** 年，成都中院与市发改委等 **48** 家单位共同会签了《成都市关于对失信被执行人实施联合惩戒的合作备忘录》，提出 **36** 项举措对被执行人进行惩戒，促进形成失信被执行人"一处失信、处处受限""一处违法、处处被动"的社会共治局面。在惩治失信方面，发布 **105088** 人（次）失信被执行人信息，主动将相关信息推送给市工商局、人民银行等单位。对不主动履行的失信被执行人采取了限制贷款、限制出入境等五项措施，迫使一些被执行人主动履行责任，形成了良好的威慑力，进一步强化司法权威。在资产查控方面，成都市两级法院 **2017** 年通过"总对总""点对点"网络资产查控平台向银行、工商、国土、房管等系统各发出查询申请 **135476** 条，涉及资产 **200** 余亿元，全部得到反馈，提高了执行案件效率。

（六）积极探索自贸区建设的司法保障工作

——构建高起点、新型化、高效能涉自贸区案件审判团队及审判权运行机制。在涉自贸区的高新、双流（天府新区）、青白江法院设立"自贸试验区法庭"或专门审判组织，在市中院相关审判业务庭设立"自贸试验区案件专门审判合议庭"，积极筹建"跨庭约请"审判机制。正式出台《成都市中级人民法院涉中国（四川）自由贸易试验区案件审判执行工作指南（试行）》以及《成都市中级人民法院涉自由贸易试验区民商事案件和行政案件管辖规定（试行）》，分别就涉自贸区案件管辖、立案与送达、类案审判指南、执行、审判机制、审判延伸等六个方面作出了详细规定，确保法律政策统一适用、审判原则统一标准。同时加强"诉源治理"，创新性地规定了与仲裁相衔接的强制执行机制以及与非诉纠纷解决机制相衔接的多元纠纷解决机制。切实为建设自贸区良好的营商环境和全面体现新发展理念的城市提供有力司法保障。

——市检察院主动融入自贸试验区建设国家战略，系统梳理国内外自贸区法治保障经验，在全国检察机关首次提出监督、服务、研判自贸检察工作原则，推动建立涉及 15 个市级单位的自贸区争端解决、法治指数评估等 5 项创新机制，工作建议被纳入自贸区建设三年试验任务计划，着力构建检察服务保障体系，推动自贸试验区形成规范的法治环境。成都市青白江区检察院在服务保障成都国际铁路港工作经验的基础上，坚持"监督、服务、研判"三位一体的工作思路，推进自贸检察工作平稳开展。成都高新技术开发区检察院注重将服务自贸工作与各项检察业务、司法体制改革等有效地结合起来，着力提升学习研究、保障创新、分析研判、政策优化"四项能力"。成都市双流区检察院制定《关于服务保障自贸试验区建设的意见（试行）》，成立知识产权专业办案组，构建刑事、民事、行政为一体的"三合一"的工作模式，与天府新区自贸办对接，探索建立网上检察室。

——市司法局为服务保障我市自贸试验区建设和全面创新改革试验，制定《成都市司法局服务保障中国（四川）自贸试验区成都片区建设十八条措施》，召开"一带一路"法律服务国际交流合作会议，组建"一带一路"法律服务协作体，编印发布《成都涉外法律服务指南》；在全国率先建立公证知识产权保护中心、涉外公证服务平台和涉外法律援助工作站，为海外投资和海外创业提供精准的涉外法律服务。2017年，推动市律师协会与4个涉外投资团体签订战略合作协议，公证文书发往100多个国家和地区；成立了成都市服务保障中国（四川）自贸试验区成都片区普法讲师团，围绕自贸试验区建设和发展中不同的社会主体开展有针对性的法治宣传，预防和化解重点部位矛盾纠纷；健全自贸试验区公共法律服务应急求助体系，全力保障自贸试验区重大建设项目顺利进行。

（七）持续推进"两法衔接"① 改革

——为健全行政执法与刑事司法衔接工作内部运行机制，市公安局制定工作规范，从受理条件、办理程序、协作机制到监督问责，对公安机关受理行政执法机关移送涉嫌犯罪案件进行了全面规范。市检察院深入破解"两法衔接"难题，推进"两法衔接"平台应用，接收成都市行政权力规范运行平台推送的行政处罚案件**32000**余件，检察机关建议行政执法机关移送的涉嫌犯罪案件**189**件。与市法制办、公安、环保、中院等部门会签《关于破坏环境资源和危害食品药品安全犯罪专项监督活动的实施方案》，深化重点案件督导与办理，共督察群众举报投诉案件**57**件，取得了良好成效。截至**2017**年**10**月底，成都市"两法衔接"平台导入行政处罚案件**61000**余件，向公安机关移送涉嫌犯罪案件**1200**余件，公安机关立案**480**余件，实现了案件全过程的信息共享。

（八）继续加强司法救助工作

——紧紧围绕"公正救助、及时救助、属地救助"原则，市法院积极开展司法救助工作，成立了司法救助委员会，建立救助工作协调制度。**2017**年**1**月—**8**月，

---

① "两法衔接"指行政执法与刑事司法衔接，具体含义为：检察机关、监察机关、公安机关、政府主管部门和有关行政执法机关探索实行的旨在防止以罚代刑、有罪不究、渎职违纪等社会管理问题而形成行政执法与司法合力的工作机制。

共办理司法救助案件 **122** 件，救助人数 **159** 人，增长 **52.9**％，发放司法救助金 **275.2** 万元，增长 **67.3**％。

（九）持续深化阳光司法工作

——市法院出台《关于全面推进司法公开的指导意见》，继续加大司法公开力度，对审判流程信息、裁判文书和庭审均进行公开，审管办每季度发布司法公开通报，监督指导全市法院司法公开情况。截至 **2017** 年 **11** 月 **25** 日，全市法院公开立案信息 **226948** 案、发布开庭公告 **117942** 份、成功推送审判执行案件流程节点短信 **46413** 条；全市法院公开裁判文书及不公开文书信息清单共计 **194169** 案；对 **1080** 案庭审进行了直播，全市法院司法公开力度明显提升。

——市检察院坚持案件信息公开，定期自查和通报公开情况。**2017** 年，全市检察机关公开案件程序性信息 **48803** 件，法律文书 **17260** 份。开展举报宣传周和检察开放日活动，促进检察机关和社会各界的互动交流。加强检务公开场所建设。全市检察机关建成集控告申诉、举报接收、来访接待、案件信息查询、行贿犯罪档案查询、接待律师、律师阅卷、法律咨询、检务宣传等工作职能于一体的"一站式"检察服务大厅。

完善基层治理机制

创建法治社会

2017 年，成都市社会依法治理工作坚持以党的十九大精神为指导，贯彻共享发展理念，深入贯彻落实省第十一次党代会、市第十三次党代会重大部署，加强依法治理、推进系统治理、提升智慧治理、强化精准治理，建设和谐宜居生活城市。在全国率先设立城乡社区发展治理委员会，围绕建设高品质和谐宜居生活社区的目标展开"五大行动"，深入推进平安成都建设，构建矛盾纠纷多元化解机制，及时就地解决群众合理诉求，完善立体化社会治安防控体系，牢牢守住社会稳定、安全生产、食品药品监管"三条底线"，确保城市安全、社会安定、市民安宁。加强社会信用体系建设，强化守信激励和失信惩戒，让守信者一路畅行，让失信者寸步难行。

一、推进基层治理体系和治理能力现代化

（一）在全国率先设立了市委社治委

——大力推动社区发展治理领导体制创新。2017年 8 月 9 日，中共成都市委城乡社区发展治理委员会

（简称市委社治委）正式设立，专门负责统筹推进城乡社区发展治理改革工作，发挥顶层设计、资源整合、统筹协调、重点突破、督导落实五大职能。市委社治委的设立有利于对社区发展进行统筹规划、谋篇布局，有利于激活人、财、物等资源，推动社区发展治理精细化。市委社治委采取联席会议、责任清单等工作方式，统筹协调原本涉及 **40** 多个部门的城乡社区治理工作。建立市、区（市）县、街道（乡镇）和社区四级运行体系，同时，探索建立个性化的目标综合考核评价标准，重点促进社区权责对等，既还权赋能又切实减负。

（二）完善城乡社区发展政策制度体系

——出台成都"城乡社区发展治理 **30** 条"。2017年 9 月 20 日，成都出台了《关于深入推进城乡社区发展治理建设高品质和谐宜居生活社区的意见》（简称"城乡社区发展治理 **30** 条"）。根据该意见，成都将用三至五年时间，建立健全基层党组织领导、基层政府主导的多元参与、共同治理、共促发展的城乡社区发展治理体系，努力建设舒心美好、安居乐业、绿色生态、蜀风雅韵、良序善治的高品质和谐宜居生活社区，为建设全面体现新发展理念的城市提供坚实基础。

——研究构建城乡社区发展治理"1+6+N"政策体系。围绕突出问题和工作短板，市委组织部、市委编办、市人社局、市财政局、市民政局、市工商局、市房管局等单位行动迅速、专班推进，推动出台改革街道（乡镇）管理职能、政府购买社会组织服务、深化志愿服务等 **5** 个相关配套文件，社区专职工作者管理、社会组织改革等 **7** 个文件正在按程序审定，城乡社区发展规划等 **2** 个重大课题正在研究拟制。

（三）有序推进城乡社区发展治理"五大行动"

——全市围绕建设高品质和谐宜居生活社区的目标展开城乡社区发展治理"五大行动"（见图 **18**）。一是老旧城区改造行动。计划用五年时间全面改造完成棚户区 **5.2** 万户 **790** 万平方米、城中村项目 **88** 个 **8357** 户、老旧院落 **1584** 个，使老旧城区功能优化、产业重生、焕发生机。二是背街小巷整治行动。重拳铁腕整治背街小巷"乱象"，畅通街区街巷"微循环"，坚守留白增绿的静气。三是特色街区创建行动。打造一批特色精品街区，创建一批特色小镇，塑造一批川西特色林盘聚落。四是社区服务提升行动。健全社区服务配套设施，优化社区综合服务功能，促进社区生活性服务业提档升级，鼓励社会组织提供专业精准服务。五是平安社区创建行动。加强社区法治建设，推进共商共建，完善矛盾纠纷调处机制，培育"向上向善向美"的社区精神。

图18 成都市城乡社区发展治理"五大行动"

——市委社治委及时制订"五大行动"三年计划，会同相关市级部门大力推进，指导督促区（市）县加快实施，落实责任到乡镇（街道）。**2017**年通过实施一批重点项目，着力推动建设与群众关系密切的重点项目，改造棚户区**22530**户、城中村**7427**户、老旧院落**920**个，整治背街小巷**1339**条，完成"两拆一增"**150**处，打造特色街区（小镇）**131**个，首批选定重点推动的**44**个示范社区已初步成形，城市宜居特质不断彰显，人民群众获得感和幸福感持续增强。

（四）着力构建以党组织为核心的新型基层治理体系

——深化党组织领导下的"一核多元、合作共治"基层治理机制。一是进一步夯实农村基层治理。印发《关于认真学习贯彻〈村党组织工作运行部规则〉的通知》（成组通〔**2017**〕**73**号），召开全市农村基层党建抓乡促村工作现场推进会，开展"村霸""蝇贪"等问题集中整治。二是进一步夯实城市基层治理。对标先发地区成功经验，研究形成《成都市加强和完善城乡社区治理调研报告》。三是脱贫攻坚工作进一步夯实。制发《关于建立党建指导员制度推进简阳市基层治理机制改革的通知》（成组通〔2017〕8号），强化督查指导，开展2轮16批次暗访督查，制发督查通报，推动脱贫攻坚各项工作。依托"微党校"办好"农民夜校"加强感恩教育，引导群众积极主动参与脱贫攻坚。开展全市党员精准扶贫"春雨工程"，全年划拨市管党费400万元用于脱贫攻坚。

——青羊区以创建"全国社区治理和服务创新实验区"为契机，探索建立"一核多元、合作共治"的"121"社区管理和服务体系，即以社区党组织为核心，建立社区公共服务站和社会工作服务站，推动社区发展中心建设，通过培育"微组织"，搭建"微平台"，实施"微项目"，解决"微心愿"，社区"微治理"成效显著。

（五）不断推进乡镇、村（社区）"减负增效"

——深入推进乡镇、村（社区）"减负增效"，促进乡镇和社区职能归位，进一步明确街道（乡镇）、社区（村）责任清单，探索建立个性化的目标综合考核评价标准，重点促进社区权责对等，既还权赋能又切实减负。规范事权下放准入，相关职能部门向街道（乡镇）下放行政权力和责任事项，必须报区（市）县委社治委批准。同时，街道（乡镇）不得将职责范围内的行政事项转移给社区自治组织承担，从而促进社区自治职能归位，主要从招商引资抓经济到贴近群众做服务，实现社区职能归位。

——依法界定村（社区）服务工作事项。明确基层政府和自治组织相互关系与职责边界，建立村（社区）事项准入制度，依法界定村（社区）服务工作事项，梳理村（社区）服务事项 **537** 条，形成市级层面四项清单，即基层群众自治组织依法自治事项清单、可购买服务事项清单、村（社区）工作负面事项清单、基层群众自治组织依法协助政府工作的主要事项清单（见图 **19**）。实行准入制度后，城镇社区自治组织依法协助政府主要事项 **56** 条，依法自治事项 **12** 条；村和涉农社区自治组织依法协助政府主要事项 **56** 条，依法自治事项 **13** 条。

图 19　成都市村（社区）服务工作事项四项清单

（六）健全法治德治自治相融互动的治理体制

——培育向上向善向美的社区精神。大力弘扬中华优秀传统文化，践行社会主义核心价值观，开办"天府文化讲堂"，促进"创新创造、优雅时尚、乐观包容、友善公益"的天府文化深度融入社区建设和居民生活，养成居民文明、科学、健康、向上的思维习惯和生活方式。健全农村社区发展治理体系，坚持以德治为支撑，把社会主义核心价值观和中华优秀传统文化融入自治章程、村规民约，把天府文化融入农村社区建设全过程，培养推选一批"新乡贤"，鼓励友善公益的志愿服务，引导社区居民崇德向善，形成与邻为善、以邻为伴、守望相助、乐观包容的良好社区氛围。

——加强基层群众性自治组织规范化建设。完善村（居）民议事会、监督委员会运行机制。深化院落居民自治制度以及村（居）务公开和民主管理制度。深入推进院落（小区）、农民集中居住区居民自治。增强基层群众性自治组织开展社区协商、服务社区居民的能力，凡涉及社区公共利益的重大决策事项、关乎居民群众切身利益的实际问题和矛盾纠纷，原则上由社区党组织、基层群众性自治组织牵头，组织居民群众协商解决。金堂县、蒲江县试点新乡贤说事评理机制，充分动员基层新乡贤、"五老"人员的力量，以理服人、以德化人、以情动人，在法治宣传过程中化矛盾于无形。

（七）扎实开展了多层次多领域的法治示范创建活动

——全面实施城乡社区可持续总体营造行动。按照"政府主导、社会协同、多元参与"原则，开展城乡社区可持续总体营造行动，激发社会参与活力。2017年成都市投入专项资金**1200**万元继续推动新一批城乡社区总体营造行动，市级资助社造项目**107**个，同时鼓励区（市）县探索具有本土特色的社区营造支持方式。

——开展法治服务"双创"工作。在郫都区、高新区创新设立"法创e空间"，以知识产权保护为侧重点，广泛开展法治服务"双创"工作。成都天府新区积极开展法治示范区创建工作，加快推进法治新区、平安新区建设，为成都天府新区加快发展营造更加良好的法治环境。双流区确定了"机场、产业园区、街道、志愿者协会"四大示范创建载体。彭州探索构建以"**131N**"村级治理机制、基层协商民主机制、"微权力"治理机制、新型社区治理机制、公共文化服务机制为主要内容的"五维共治"新型基层治理体系。该基层治理模式探索荣获中国地方政府创新优秀实践奖，相关做法被中央电视台、人民日报、人民日报海外版等国家级媒体多次报道。

二、创新社会治理

（一）大联动微治理，大城市细管理

——大联动平台全覆盖。大联动平台在成都已基本覆盖了**22**个区（市）县，部分区县还创新推出不同的

联动方式。在双流区，"83721000"服务热线就是一个多部门联动联勤的一体化办公处理平台，整合全区工商、物价、食药品安全等投诉和法律援助热线，24小时都有接线员在线服务。成华区紧扣特大城市社会治理难题，持续开展社会治理创新改革，再次升级探索以"智慧城市"为核心的治理创新3.0版本，在全省率先打造"市民驿站"集中高效便民服务体系，加快建设"5分钟便民生活圈"，不断提升基层治理服务水平。

——"横向＋纵向"实现数据大融合。市综治办印发了《关于"大联动、微治理"体系配套机制建设的实施意见》（成综治办〔2017〕20号），督促各区（市）县完善"双中心运行"等配套制度机制。横向实行"1＋3"联动指挥，即大联动中心与公安指挥中心互动，实现警务分流；与政务中心互动，实现"网上预约审批、网下代办服务"；与数字城管中心互动，构建"大城管"（城管、工商、质监等）格局。纵向实现"四级网络"联动运行，构建"区大联动中心－街道服务中心－社区管理站－网格员"四级网络，形成"政社互动、专群联动、多元共治"的工作格局。"横向＋纵向"实现数据大融合，通过基础数据库、呼叫中心、平安建设、城市综合管理等18个功能模块，实现统筹协调"零障碍"、服务群众"零距离"、互联互通"零壁垒"，大幅提升了"大联动"的整体效率。

——构建"智慧治理"新模式。武侯区将大数据等现代科技手段与社会治理深度融合，借力第三方网络支付、公共交通平台等，研发出集门禁、公交、购物及大数据分析功能于一体的"E居通卡"，E居通卡及其后台系统的运用推广，实现了对辖区内居民人员信息的动态、精准掌握，不仅利于民生，更提升了服务治理水平。在都江堰，大联动平台探头覆盖了幸福街道包括都江堰鱼嘴景区在内的 12 个天网监控的盲区点位，确保了辖区内的全方位无死角防控。

——2017 年 3 月成都市荣获"中国幸福城市"称号，并在 9 月召开的全国社会治安综合治理表彰大会上，连续第五次被评为"全国社会治安综合治理优秀市（地、州、盟）"，连续三次荣获全国综治最高奖"长安杯"，成为全国副省级城市中唯——个连续三次荣获"长安杯"的城市。

（二）加强社会矛盾纠纷多元化解

——建成各类调解组织 6186 个，其中在交通、医疗、物管等重点领域建立人民调解组织 267 个。推动矛盾纠纷多元化解专家库建设，在市级层面建立了由 150 名专家组成的成都市人民调解专家库，22 个区（市）县也基本建成专家库。

——强化公安和司法联调联动，狠抓三个环节改革创新矛盾纠纷调解模式，在派出所建设联合调解室，全市 424 个派出所全部设立纠纷调解室，1085 个警务室作为基层矛盾纠纷调解点，确保能够及时收集和倾听群众诉求，铸就化解矛盾纠纷的第一道防线。2017 年，全市公安机关及派出所共调解处理各类矛盾纠纷 39969 起，调解成功 36081 起，调解成功率为 90.27%；共受理各类交通事故案 108644 件，调解成功 103726 件，调解成功率为 95.47%。

——成都法院制定出台《关于建立我市物业管理纠纷调解联动工作机制的意见（试行)》《证券期货纠纷诉调对接工作的实施意见》《关于构建成都市劳动争议纠纷联动化解工作机制的意见》等专门意见，在全市法院推广劳动争议、道路交通事故联动调解等"一站式"专业化纠纷解决平台。2017 年 6 月 18 日召开的"基层治理创新与法治四川建设会议"重点介绍了成都各级法院诉源治理经验和做法，"和合智解"e 调解平台被第三届世界互联网大会《中国在线服务最佳实践案例》收录。

——市检察院认真学习新时代"枫桥经验"，加强化解社会矛盾机制建设，全年开展社会矛盾纠纷集中排查清理 9 次，有效维护了重要会议、重大活动期间的社会稳定。妥善处置突发涉检信访事件，制定《成都市检察机关基层院涉检上访应急处置工作首问责任制度（试行)》，进一步规范治理越级集体访、过激访。探索构建以司法求助为核心的多元化求助模式，有效化解社会矛盾。**2017** 年全市检察机关开展司法求助 **143** 人次，发放救助金 **230** 余万元，办案量持续位居全国副省级城市首位。

（三）深入推动社会诚信体系建设

——深入实施"三大示范工程"，多维拓展信用场景。一是实施政府率先示范工程，创新政府监管方式。实施企业投资项目信用承诺制，加快环保领域信用体系建设，推动招投标领域信用信息应用。二是实施重点行业示范工程，打造信用信息产品。实施农村信用体系建设，推进旅游信用体系建设，深化房地产行业信用体系建设。三是实施区域协同示范工程，建立跨区域联动机制。实施价格领域信用联动，建立九城信用联盟，探索同泛珠省会城市与港澳地区信用合作。

——打好"三套组合拳"，大力推进社会信用体系建设。一是打好信用联合奖惩组合拳。建立健全"红黑名单"制度，重点推进民生关注领域联合奖惩，建立清单制度全面推进联合奖惩。二是打好信用探索创新组合拳。探索采用"信用＋"行政管理方式，探索与信用服务机构合作模式。三是打好信用文化建设组合拳。持续跟进城市信用监测，着力提升个人诚信意识，大力开展诚信宣传教育。

2017 年 **11** 月底，成都市公共信用信息系统和"成都信用网"门户网站荣获全国信用信息共享平台和门户网站特色奖；**12** 月底，成都获批我国首批社会信用体系建设示范城市，这也是西部唯一获此殊荣的城市。据信用中国数据，成都的信用综合指数以 **85.18** 分在全国位居第八。

三、加强社会公共安全建设

（一）不断加快立体化、信息化社会治安防控体系建设

——以"一网三支撑"① 为核心，点线面结合、网上网下结合、人防物防技防结合、打防管控结合的立体化社会治安防控体系建设。一是建设扁平化指挥平台，全面集成警用地理信息系统、**110** 指挥系统、大情报系统、GPS 定位系统、"天网"视频监控系统，初步实现了"天网"点位、治安卡点、巡逻警力、**110** 警情"一图显"，以信息化建设保障扁平化指挥的实现。二是积极探索合成化指挥模式，在城区分局试点建设警务作战指挥中心，实行信通、情报、巡防、视侦、指挥等部门集中办公，按数据分析、视频侦查、情报研判、指挥调

---

① "一网三支撑"是天罗地网、扁平化指挥平台支撑、"鹰眼"大数据支撑、"一标三实"基础信息支撑。

度四个功能分区协同作战。三是完成公共安全视频图像联网共享平台建设，制定《公共安全视频监控信息共享使用管理规定》，推进社会治安防控信息资源共享。四是建立政府相关部门及社会资源应急联动处置机制。全市23个区（市、县）公安局，已全面完成110社会化联动建设，其中依托政府平台型17个、单位协作配合型4个、公安机关主导型2个，初步实现了110报警和社会求助事项分类处置。

——强化社会面治安防控。一是完善社会面治安防控等级响应和"网格化"布警，对全市街面网格化巡控警力、治安巡控队、装备配备进行督导，组织开展巡逻防控工作。二是进一步完善公安（特警）、武警联勤巡逻工作，强化信息报送制度，并通过视频调度、点名巡察等方式进行督导检查。截至2017年10月，特警武警混编联勤武装巡逻任务执勤115天次，出动警力1745人次、车辆6634台次、巡逻总里程7万余千米，切实发挥了震慑作用。三是完善"四道防线"治安卡点实战运行体系。进一步优化卡点布局，完成PGIS警务地理系统中卡点数据的更新。四是加强快反力量建设。制定《成都市公安局特（巡）警支队快反突击督察工作制度》，对特（巡）警支队、各分（市）县局快反工作进行督导检查，并形成情况通报。五是推进防爆安检力量建设，完善勤务分级制度，实现装备建设和人员配备达标。特警防爆安检专业力量和二级防爆安检队伍实现"勤务分层、责权明晰、协同合作、绝对安全"。

（二）依法解决社会治安中的突出问题

——依法查处各类治安违法行为，开展社会治安热点区域综合治理。一是积极研究《办理涉黄涉赌案件工作规范》，对办理涉黄涉赌案件六个关键环节进行细化规范，提升案件办理质量和水平。二是建立主动进攻型的维稳情报、侦察、控制、处置工作体系，深入排查化解矛盾。建立维稳情报专班，对动态性、即时性的涉稳信息，迅速部署查处，跟进反馈。深化重点管控，排查掌握重点人员，严格落实属地管控责任。三是成立网络舆情处置专班，完善"2+6+X"舆情处置机制，24小时对网上发布的不实舆情、煽动舆情开展核查，及时消除影响。

——深入组织开展打击通讯网络新型违法犯罪专项行动和打击"伪基站""黑广播"专项行动。推进反诈骗中心建设，自主研发"成都市反通讯网络诈骗工作平台"系统，积极开展预警劝阻和冻结资金返还工作。截至2017年10月，反诈中心共接警2563件，处置涉案电话号码1012个，处置网络诈骗电话预警15527条，其中电信诈骗发案同比下降18％，破案同比上升78％；通过严厉打击"伪基站""黑广播"违法犯罪活动，全市共抓获各类违法犯罪人员45名，收缴伪基站设备

100 余套；同时省、市一体化反诈中心共冻结涉案银行账户 226 个，冻结资金 1282.65 万元。

——严厉打击侵犯公民个人隐私的行为，打击网络黑客、"网络水军"以及提供"翻墙工具""未成年人淫秽色情图片、视频"等网络犯罪案件。全市网安部门共协助侦办各类案件 6980 起，抓获嫌疑人 5114 人，受理主侦案件 274 起，结案 245 起，采取强制措施 438 人，逮捕、起诉 194 人，涉网案件打击数较去年大幅增长。市各级法院成立了针对公共安全、电信诈骗、非法集资犯罪三类犯罪的专业化审判团队，实施集约化、专业化审判，大大提高了对犯罪的打击效率和专业水准。

——依法严厉打击毒品犯罪。出台《成都市禁毒重点整治工作实施细则》和《成都市禁毒工作责任追究办法》，严打制贩毒、零包贩毒等犯罪，强化社区戒毒、社区康复工作。2017 年，共破获毒品刑事案件 2086 起，打击处理 3249 人，查获吸毒人员、强戒吸毒人员、行政拘留人员同比上升 21％、22％、21％。

（三）切实维护城市生活的安全环境

——推进"雪亮"工程建设。市公安局完成 2017 年市政府天网视频建设重点工作，共完成 8700 个天网点位的建设任务，实现重点区域全覆盖。提升了社会治安监控覆盖率，健全了突发安全事件联动平台，增强了公共安全预警预防和综合应对能力。

　　——加强危爆物品、寄递物流等工作的清理整治。市政府办公厅印发《关于建立安全风险分级管控和隐患排查治理双重预防工作机制防范和遏制重特大事故的实施意见》，编制《成都市企业安全生产风险管理实施指南（2017 版）》，启动《企业安全风险管理工作规范》地方标准制订工作，率先完成 1710 家危险化学品生产、经营、储存企业的安全风险分级评定。加强寄递物流行业依法监管，督促企业严格落实"三个 100％"。截至 2017 年 10 月，全市共办理涉寄递物流企业案件 126 件，共罚款 15.48 万元，责令停业整顿 10 家次。

　　——坚守安全生产、食品药品安全底线。市安监局制定了《成都市安监局 2017 年安全生产监督检查计划》，对 261 家生产经营单位开展例行执法检查，在直接监管范围内确定了随机抽查对象 586 家，并按照"双随机"要求，抽取至少 141 家进行监督检查。印发《关于明确安全生产监督检查有关问题的通知》，市重大危险源监控平台实时动态监控企业 943 家，监管危险点位 14546 个；市职业卫生预控服务平台向 9489 家用人单位发出预警 7757 次，事故预防"智慧治理"水平不断提升。继续探索"互联网＋"智慧"食安"模式，形成了"一个中心（成都市食品安全监测预警数据中心）、三大平台（监管平台、检测平台、追溯平台）、七项功能（态势感知、过程监控、危害识别、风险预警、应急响应、趋势预判、循数决策）、四类应用（政府管理、产业发展、公共服务、社会治理）"的系统构架，全面创新食品药品监管模式。

——提升金融风险防范水平。一是成立成都市打击和处置非法集资工作领导小组，采用"固定＋抽调"的运行模式，从全市公检法、工商、金融、商务等部门抽调50余名精干力量，脱产开展风险防范工作。处非专班的组建模式及工作中的创新举措，先后得到国务院处置非法集资部际联席会议办公室的多次肯定，并印发全国各省级处非领导小组供交流借鉴。二是推进案外化解分类处置工作，按照一案一策、先易后难的思路，有效处置、积极化解存量案件，不断完善属地负责、随访随接、主动约谈和及时通报等工作机制，建成监测预警系统"蓉金卫士"并上线测试。三是强化高发新发领域风险防范和处置，全面排查互联网金融风险，制定《成都市清理整顿各类交易场所"回头看"实施方案》，同时对校园贷、现金贷和以比特币为重点的"虚拟货币"交易平台进行清理整顿。

——强化交通综合治理。出台《实施"成都治堵十条"推进科学治堵工作方案》，提出通过"智慧治堵、工程治堵、依法治堵"系统治理交通拥堵"城市病"。一是实施"互联网＋交通拥堵治理"，完成互联网交通大数据研判报告模板制定，科华南路、天府大道2条

HOV 车道试点，**5** 个直行待行区路口的选点工作及配套设施设置工作；二是发起建立全国首个"蓉 e 行"交通众治公益联盟平台；三是在全国率先发布《成都市关于鼓励共享单车发展的试行意见》；四是严治"七乱"交通陋习、"五车"野蛮驾驶、"三驾"严重违法行为。截至 **2017** 年 **10** 月，共查处各类交通违法行为 **822** 万起，执法力度同比提升 **24.5**％，机动车不礼让斑马线、违法停车同比分别下降 **18.3**％、**32.6**％，非机动车和行人违法率同比下降 **19.8**％，全市交通事故接报警数量同比下降 **7**％。

　　——强化环境监管，打击环境污染违法犯罪。市环保局、市检察院、市公安局、市法院共同制定了《成都市环境保护行政执法与刑事司法衔接工作实施意见》（成公发〔**2017**〕**22** 号），建立了联动执法制度、联络员制度、案件移送机制、重大案件会商和督办制度、案件信息共享机制和奖惩机制，有效加强了我市环境保护行政执法与刑事司法衔接工作。全市共办理各类涉环行政案件 **106** 件，行政拘留 **106** 人，刑事案件 **58** 件，打击处理 **128** 人。

抓好法治文化建设

增强法治观念

2017 年以来，成都市各市级部门和区（市）县以习近平新时代中国特色社会主义思想为指引，以推进社会主义核心价值观融入法治建设为总体思路，以成都市法治宣传教育第七个五年规划为抓手，以领导干部和青少年为重点对象，以"互联网＋法治宣传"为创新发展平台，以天府文化为法治文化的滋养源泉，以提高全民族法治素养和道德素质为重要目标，为加快建设全面体现新发展理念的城市营造了良好的法治氛围。各市级部门和区（市）县加大工作统筹力度、聚焦工作重点、坚持项目化推进，着力提升普法工作的系统性、服务性和精准性，推进"七五"普法规划有效实施，切实促进了全面依法治市和法治社会建设。

一、大力推进法治文化建设

（一）统筹实施，做好顶层设计

——立足全国一流、全省首位，高标准高起点制定实施《成都市法治宣传教育第七个五年普法规划

（2016—2020 年）》，结合省、市党代会精神，确立普法总体目标和阶段性目标，细化配套攻坚计划。

——明确任务分工，印发 2017 年全市普法依法治理工作要点，确定 23 项重点工作和 88 项具体工作任务，对"法律七进"各项任务实行"模块化"管理，确保每一进责任明确、任务清晰、标准统一、实施到位，实现法治宣传教育工作"三个纳入"（即纳入党政综合目标、精神文明创建目标和综治目标考核内容）。

——强化责任落实，实施"谁执法谁普法"普法责任制，制作部门（行业）普法指导目录、普法责任清单，强化定期联席会议、检查通报、信息报告和提醒整改制度，同时着力加强基层普法"四清单六体系"建设，在全国率先制定各级各部门普法任务清单，有效整合基层工作合力，确保工作层层落实，稳步推进。

（二）聚焦重点，服务中心工作

——注重在服务中心工作中普法。紧扣"一带一路"和自贸试验区建设主题，在全市 31 个创新创业园区、4 个自贸试验区片区、52 个来蓉务工人员集中区开展专项普法活动，成立服务自贸试验区普法讲师团，制作投放公共法律服务宣传片，切实拓宽法律服务渠道。深入企业开展法治需求调查 400 余次，在崇州、龙泉探索建立产业园区"远程公共法律服务大讲堂"，成都广播电台新闻频率试点开展"创客法治训练营"，设计了兼具创新性、服务性和趣味性的全新普法形式，制作系列微剧《"麻辣三国"之刘关张创业史》，以活动的形式配合我市新经济工作开展、双创工作开展，深化依法治市宣传。市工商局围绕登记制度改革和法律法规的修改，先后组织了工商登记制度改革，市场主体发展报告发布，广告法、新消法普及，信用监管，年报制度改革等 11 次主题宣传。成都市科技局在组织开展的菁蓉汇、创享会以及载体活动中，重视创新创业人员依法创新、依法创业培训教育，将科技政策法规普法工作作为对孵化器的考核支持指标。

——注重在服务社会公众中普法。针对社会治理的热点难点问题，重点安排部署"三治一增"专项法治宣传教育活动，培育基层群众法治意识，依托百姓故事会"依法治市"巡讲等品牌活动，融入法治人物故事、法治作品、法治文化典故等题材。不断挖掘基层法治宣传活动的内涵，提升基层法治宣传的实效性，提升品牌活动与基层群众的融入度。围绕脱贫攻坚总体部署，组织全市法律服务力量，面向 77 个省级贫困村开展专项"法治扶贫"活动。

——注重普法工作项目化管理。一是加大法治城市创建力度。建立完善"九大示范创建"工作的跟踪问效、全域覆盖机制，深入开展多层次、多领域法治示范创建活动，重点督查法治示范县（市、区）、示范乡镇

（街道）、学法用法示范机关（单位），持续激发示范创建的辐射带动作用。率先在全国创新开展"六态合一"民主法治示范村（社区）创建，组织参评第六批全国民主法治示范村（社区）创建评比，促进了基层民主法治建设。二是持续举办各类型法治大讲堂。完善市县乡村四级法治讲堂，重点推进法治讲堂进村（社区）"7+3"计划、998法治讲堂、"法治公开课"电视讲堂、地铁报法治讲堂和金沙讲坛（法治专场）的实施，其中《998法治大讲堂》广播节目收听率长期位列在蓉广播节目同时段前三名。联合市总工会、市教育局等部门开展专题法治大讲堂30余场次。三是深入开展"1+N"个重要时间节点主题普法活动。重点组织开展"12·4"集中普法，同时，扎实推进"谁执法谁普法"普法责任制贯彻落实，重点在春节、"3·8"、"3·15"等10余个重要时间节点，会同相关市级部门组织开展食品药品安全、反家庭暴力、消费者权益保护等民生主题普法活动。全年重要节点组织专题法治宣传1627次，提供法律服务246.87万人次，为营造全社会法治氛围发挥了积极作用。

（三）营造氛围，建设法治阵地

建设法治文化中心、法治广场、法治公园、法治街道等阵地，充分利用户外电子显示屏、广告牌等阵地开展法治宣传，营造法治氛围，把推动法治文化建设和深化"法律七进"活动相结合。将法治文化基础设施和"社区（村）法律之家"建设纳入市委市政府民生工程，组织在青白江区、新都区、温江区新建3个大型法治文化基础设施，在22个区（市）县建成81个"社区（村）法律之家"。

（四）德法融合，浸润法治精神

——德法融合制度保障。研究制定《成都市社会主义核心价值观融入法治建设实施方案》，把推进社会主义核心价值观融入法治文化阵地，推动全市的法治文化中心、法治广场、法治公园、法治街道等阵地与社会主义核心价值观的深度融合。

——深化家风家规建设对法治建设的促进作用。深入挖掘家规中的法治内涵，2017年，成都市共上报10篇"好家规"参加四川省首届"十佳天府好家规"评选。金堂县贺氏家族家规名列四川省首届"十佳天府好家规"榜首，成都市获奖数量位居全省21个市（州）、省直各系统榜首，取得了良好的社会反响。

——德法融合体现成都特色。在推动社会主义核心价值观融入法治建设上狠下功夫，让法治宣传更"接地气"，也更"有人气"。一是"泡"出法治宣传的浓浓"成都味"。法治宣传工作组抓住全国社会主义核心价值观融入生活现场会在成都召开的契机，提出社会主义核心价值观"六融入"，大力推动法治宣传进茶馆，在茶馆内开展调解、法律咨询、法治讲座等活动，在全市范围打造法治文化茶馆，"泡"出法治宣传的"成都味"。二是谱写德法融合的"成都特色"。金堂县、蒲江县推广新乡贤说事评理机制，充分动员基层新乡贤、"五老"人员的力量，深入挖掘"孝亲敬老"的孝文化，将孝善文化融入法治元素，弘扬宣传"孝为本、理为先、法为绳、和为贵"的乡村治理理念，推动矛盾纠纷源头治理、以防为主、多元共治、依法调解的和谐乡村治理模式。金堂县"说事评理"机制入选中宣部《宣传工作创新百例》，四川法制报、四川时代先锋杂志、四川党建网等媒体就"说事评理"机制进行了长篇、深度报道。

（五）全面覆盖，传播法治声音

——加强社会宣传，营造良好的依法治市氛围。2017年以来，全市在出租车顶、机场高速收费站、重要路段、2626个公交车载电视、8000余个地铁电视等载体刊播1000余万次，总时长达12万余小时。

——加强媒体公益普法力度。制定了《关于加强新闻媒体和互联网公益普法宣传工作方案》，统筹抓好传统媒体专题、专栏建设，2017年以来，市级媒体共计刊发2115条。中央级、省级媒体依法治市登载稿件共计1100余条。

二、持续开展法治宣传教育

（一）落实"谁执法谁普法"责任制

——把握关键节点强化法治宣传。市食药监局利用食品安全宣传周、安全用药宣传月等系列活动，组织科普讲座和进食堂、进企业等科普活动 2400 余次，召开各种形式的新闻发布会 14 次，接待、协调媒体采访 100 余次，在各类媒体上刊发食品药品安全信息 2900 余条，相关新闻 1100 余条。市公安局充分利用每年的"12·4"国家宪法日、"1·10"宣传日、"6·26 国际禁毒日"和"11·9 消防宣传日"等时机，采取设点宣传、组织参观、举办展览、接受咨询等多种形式开展法治宣传。全市共投入警力 2500 余人次，设置各类宣传展板、横幅 600 余张，发放宣传资料 130000 余份，现场解答群众咨询 7800 余人次。市环保局以"4·22"地球日纪念活动、"6·5"环境日、"12·4"宪法日等为契机，先后举办大型环保知识和法律法规宣传活动 4 次，编写"环保普法活动"宣传读本 4 本。市安监局 6 月份组织开展"安全生产月"活动，全市开展"落实企业安全生产主体责任"主题宣讲 651 场次；6 月 16 日开展的"安全生产宣传咨询日"活动，主会场设咨询台 30 余个，展板 60 余块，发放各类安全生产及职业卫生

资料 **2** 万余册（份），接受现场咨询 **3500** 余人次，并被 **20** 余家主流媒体报道。

——共同打造"法治大讲堂"成都品牌。由成都市司法局和成都市依法治市办牵头，各部门各区县积极参与，建立了"四级法治讲堂"工作体系，相关工作得到了司法部的高度肯定。面向市级各部门、各区（市）县领导干部和公务员，举办"法治大讲堂·公务员学法专场"，市级司法机关、行政执法部门面向党政部门和企事业单位中层、骨干力量，分别承办一期"法治大讲堂·少城讲堂"。在各区（市）县、乡镇（街道）有重点地组织对机关、村（社区）干部开展 **2** 次以上法治主题培训。村（社区）讲堂面向群众按照每月不少于 **1** 次的标准，结合村（社区）的实际需要开展学法讲法活动。各部门将"法治大讲堂"的要求和内容纳入部门"七五"普法规划，纳入经费预算。市人社局举办"法治大讲堂·公务员学法专场"。以公务员"四类培训"为抓手，以创新培训方式为突破点，采取集中调训、以会代训、网络培训、大讲堂等多种形式，有计划、按步骤、分级分类地开展全市行政机关公务员培训工作，全年培训公务员 **3** 万余人次。市环保局为强化工作组织保障，成立了以局党组书记为组长的法治大讲堂工作领导小组，领导小组下设办公室在局政策法规处，负责法治大讲堂日常工作。局机关处（室）和直属单位按照"谁执法、谁普法"和"谁管理、谁负责"的工作原则，落实了工作机制，确保了法治大讲堂工作组织有力、相互联动、有效推进。市气象局紧密结合气象工作实际，将党组书记讲气象法、保密法等党课与法治大讲堂紧密结合，增强法治学习实效。成都市妇联、崇州市妇联承办的法治大讲堂"远离毒品、营造和谐家庭"讲座邀请四川泰常律师事务所主任蔡伟律师结合案例，以通俗易懂的方式，向群众介绍毒品种类、传播途径等相关知识，详细讲解吸食毒品对身心、对社会、对家庭的危害及国家关于单位和个人涉嫌毒品违法犯罪的法律规定。成都广播电台依托新闻频率《998法治大讲堂》充分动员市级各部门和各区（市）县提供身边的法治素材，宣传效果好，节目收听份额基本稳定在同时段第三位。全年《998法治大讲堂》播出专题节目264期，年末组织的2017年度优秀法治节目评选中，成都市中级人民法院选送的《从吃货成为了店主　创下知名抄手店》、高新区管委会办公室选送的《我的丈夫竟然有两个妻子》等10个节目获评"最好听的广播法治节目"；新津县司法局选送的《怜悯之心带来不孝之祸》和大邑县司法局选送的《被拒签的劳动合同》等20个节目获评"优秀广播法治节目"。

　　——普遍建立"以案说法"工作制度。成都市依法治市领导小组学法用法工作组、市司法局根据"七五"

普法相关部署，专门制定并印发《大力开展"以案说法"促进法治成都建设工作措施》，要求各部门、各区（市）县结合社会公众的法治需求，充分运用发生在身边的典型案例进行法治解读，着力提高社会公众的法治意识和法律素养。治理"奇葩"证明、崇州公安侦破"12·6"非法经营期货案、龙泉驿环保查处鑫长源公司严重污染环境案等案例被评选为2017年全市"十大法治案例"。成都两级法院充分利用"6·26"世界禁毒日、"4·26"世界知识产权日、"3·15"消费者权益保护日及新法规、新司法解释出台等节点，选好主题，精心策划，深度挖掘相关主题素材，开展系列普法案例宣传活动，全年宣传报道消费者权益保护、未成人司法保护、知识产权审判等专题系列案例80件。成都市检察院统筹推进"以案说法"活动，组织录制"成都检察官以案说法网络访谈""成都面对面党风政风热线"等节目，全年在电台开展"检察官以案说法"活动107次，开展检察官走进网络直播间"以案说法"活动27次。锦江区检察院制作的藏汉双语《精准预防系列读本》获省委政法委主要领导肯定性批示，高新区检察院制作的《知识产权保护宣传册》得到企业认可。市安监局在成都电视台开设"事故揭谜"专题节目，每周一期，全年52期，"以案说法"，深入剖析安全生产法律适用情况，扩大事故警示效果和影响范围。市国土局开展"以案说法"培训会，组织了"以案说法"活动讨论会，编写了2016年行政执法典型案例，通过解读案例，推动"以案说法"活动顺利进行。市总工会配合市依法治市办编撰了法治成都·依法治市工作系列丛书，将近年来承办的职工法律援助经典案例编印成册并制作成"以案说法"展板，让法治宣传真正走近职工群众。

（二）突出法治宣传教育重点人群

——坚持领导干部带头学法。制定《成都市关于进一步完善国家工作人员学法用法制度的实施意见》，建立国家工作人员法治档案、年度述法、法律素养考察等制度，有力推动"关键少数"和公职人员学法用法制度化和规范化。组织在党校主体班开设法治必修课程，组织市、县两级"四大班子"开展会前学法506次，党委（党组）中心组学法356次。

——完善政府常务会议会前学法制度机制，进一步深化推进市政府部门主要负责人常务会学法、讲法，印发《2017年度市政府常务会议学法安排》，对市政府常务会学法讲法进行部署，全市共开展政府常务会会前学法563次。其中，市政府常务会议开展会前学法35次，组织学习宪法，环境保护，安全生产、规划，城乡建设管理等方面法律法规和政策。市政府常务会会前学法工作被《人民日报》盘点为全国法治政府建设亮点工作，"领导干部法治思维培养"指标在2017年法治政府评估中得到满分，并被列举为典型事例。

——着力推动青少年学法用法。狠抓法治教育主课堂课程、课外活动、法治副校长（辅导员）、法律顾问、普法阵地"五个到位"，建成青少年法治教育基地 **98** 个，开展中小学法治辅导员法治培训 **195** 次，发动全市中小学（幼儿园）、市属高校开展"法治课赛课""模拟法庭"等活动 **562** 次，大力提升青少年法治意识和规则意识。市教育局以"防治校园欺凌"为主题，牵头市委宣传部、市司法局开展全市第四届法治课赛课、模拟法庭竞赛，并新增校园法治广播节目和电视台法治节目竞赛，收集作品 **276** 件。以"宪法在我身边"为主题，市委宣传部、市司法局牵头开展成都市第二届中小学生家庭法治征文比赛。

（三）深化"互联网＋法治宣传"创新平台

——推动"互联网＋法治宣传"行动，不断完善"两微一端"载体建设。积极适应全媒体时代社会公众需求，加强互联网、移动互联等新媒体、新技术在法治宣传教育工作中的广泛运用，发挥网络规模和集群效应。加大以微博、微信、客户端为代表的新媒体法治宣传力度，培育有影响力的法治宣传新媒体。同时，建立新媒体法治宣传数据库。整合近年来突出的法治微电影、微视频、普法动漫、H5 等作品，建立全市新媒体法治宣传数据库，并以此为依托，在全市进行推广和展播，逐步实现法治宣传公共数据资源开放和共享。已建普法类网站 **60** 个、普法类微博账号 **281** 个、微信公众号 **276** 个、法治类电视栏目 **29** 个、广播节目 **11** 个。组织开展"普法微电影（视频）征集展播活动"，制作普法微电影 **108** 部、微视频 **250** 部、普法动漫 **32** 部、普法音乐微信（H5）**100** 余部，培育精品法治文艺节目 **226** 个，持续办好"法治成都"微博、微信和"今日头条"普法客户端平台，切实提高了面向社会公众的普法能力和水平。

——开展"**2017** 法治好声音"普法微电影征集展播活动。由成都市依法治市领导小组学法用法工作组、成都市司法局、成都市电视台主办的"**2017** 法治好声音"普法微电影征集展播活动共收到来自全市各区（市）县和市级相关司法、行政部门报送的法治微电影（视频）共计 **112** 部，涵盖法治剧情片、法治纪录片、法治宣传片、法治动漫片等。其中，**30** 个作品脱颖而出，获奖作品从 **2017** 年 **12** 月起，在《法治公开课》栏目组展播。龙泉驿区编排的法治公益微电影《不幸与万幸》获四川省法治微电影大赛一等奖，《我的爸爸是警察》获成都市"**2017** 法治好声音"普法微电影最佳创意奖。

——创新探索"互联网＋司法"工作路径。市法院充分利用成都法院"和合智解""阳光司法 APP"、两微一端等平台，积极构建传统公开与新媒体公开相结合的多层次司法公开渠道。市检察院运用新媒体的影响力开展宣传活动，将检察工作、检察动态、法律知识以群众喜闻乐见的形式进行宣传，创建"成都检察网站集群平台"，对全市 **22** 家门户网站进行深度整合、统一管理，并与手机 WAP 版同步发布，集群化开展网络宣传和检察实务。市公安局在成都公安门户网站设立法律法规、警民互动、办事指南等栏目，并结合"平安成都"微博、微信，大力开展公安法治宣传。

——打造成都纳税人网上学堂。市地税局将纳税人学堂打造成对内对外的普法平台，截至目前，学校注册学员达 **19** 万人，累计开设面授课程 **4200** 余期，网上学堂累计访问量 **225** 余万人次，办学规模居全国 **15** 个副省级城市之首。**2016** 年起，学堂结合地税部门征管实际，以自然人为目标受众开发了"微课堂"，创新运用微信等移动传媒，进一步扩大了学堂的影响力。截至目前，已制作完成 **44** 个微课堂作品。

——推进智慧法务平台建设。崇州市研发法律问答机器人"小崇"并正式投入应用。"小崇"由我市和中数公司自主研发，以智能一体机、桌面机器人、微信公众号等形式服务应用于多个场景，将智慧智能系统应用于诉讼服务中心、诉讼服务站点、社区服务大厅等场所，提供"智慧智能＋便民"法律服务模式。创新地将法律与科技有机融合，将内部数据与外部数据进行整合，利用信息技术参与社会治理，提升多元化治理的有效性。

（四）创新法治宣传手段和形式

——创新法治宣传手段，入脑入心。以法治动漫、法治游戏为主要形式进行宣传，在全市取得良好效果。一是创新推动青少年法治宣传教育。武侯区以大熊猫为原型，设立"嘟嘟"卡通形象，开发相关漫画、微视频、闯关游戏，丰富青少年对法治文化内涵的体验和感知。二是推动法治文化作品传播。整合近年来突出的法治微电影、微视频等作品，建立全市新媒体法治宣传数据库，以逐步实现法治宣传公共数据资源开放和共享。2017 年以来，全市积极创作 116 部法治文化作品，涵盖微电影、动画片、微记录和公益广告等形式，并组织参加全国法治微视频、微电影大赛。三是创新运用直播、VR 等技术手段。金牛区运用网络直播手段，在全区开展法治大讲堂活动，提升了法治宣传传播力和影响力；崇州市创新利用 VR，打造出有影响力的覆盖面广的法治宣传品牌；大邑县首次将法治宣传信息化建设引入电视端，实现电视、电脑、手机三屏同传，平台覆盖率近 85％，成功覆盖全县 45 万余人。

——创新法治宣传形式，寓教于乐。积极运用百姓故事会"依法治市"巡讲、金沙讲坛、道德讲堂、"走基层"文艺惠民演出等品牌活动，创新作品形式，推动法治宣传寓教于乐。**2017** 年以来，全市范围内百姓故事会"依法治市"专题共巡演 **540** 场次，"走基层"文艺惠民活动以"依法治市·廉洁成都"为主题，在各区（市）县演出了 **20** 场次。

（五）打造法治宣传"一区一品"

——成都市各区（市）县结合自身特点丰富法治宣传载体，打造"一区一品"。一是做好法治服务"双创"工作。在郫都区、高新区创新设立"法创 e 空间"，以知识产权保护为侧重点，广泛开展法治服务"双创"工作。二是活用"供给侧"概念，助力法治宣传教育。在温江区、都江堰市通过与"供给侧"改革结合，根据"用法端"处需求，从"普法端"处进行改革，从而提升法治宣传的针对性。三是打通法治宣传"最后一公里"。在金堂县将法治宣传与邮政通信服务融合，组建邮政"法治邮路"志愿者队伍，将法治宣传资料投放到全县用户手中。

（六）挖掘法治宣传典型

——大力宣传法治教育先进典型，及时挖掘、总结、交流和推广法治宣传的典型人物、典型做法、典型事例。宣传评选评优活动中涌现的先进典型，进一步增强典型、先进的影响力。市广播电视台以周卫东法官为原型，创新制作了广播剧《田坎法官周卫东》，并依托百姓故事会，深入成都区（市）县巡演。市司法局组织评选出成都市首届"十大最具影响力法治人物"，引领全市广大干部群众增强法律意识和法治观念，提高尊法、学法、守法、用法能力和水平。

三、深入探索法治人才培养机制

（一）深化"卓越法官"培养工程

——2017 年，成都市中级人民法院选派 15 名优秀法官上挂下派锻炼，分批次对法官、法官助理全员轮训。周卫东同志被追授为"全国模范法官"，2 名同志被评为"全国办案标兵"；80 人被评为"资深法官"，70 人被评为"卓越法官"；197 人（次）在全国全省法院研讨会上获奖。法官队伍结构进一步优化，全市法院研究生以上学历人数比 2014 年年底增加 260 人；市中院研究生以上学历人数达到 232 人，占比 45.14%，比 2014 年年底上升 20.89 个百分点。

（二）构建实习法官助理长效机制

——成都市中级人民法院与四川大学、西南财经大学、电子科技大学、西南交通大学、西南民族大学、成都大学、四川师范大学、四川省社会科学院等 8 所在蓉院校合作，探索性地建立了实习法官助理工作制度。制定出台《实习法官助理管理办法》《实习法官助理考核评价实施细则》，编写出版《人民法院法官助理职业技能教程》，强化对实习法官助理的专项经费保障，采取校内外"双导师"制度，把审判一线作为培养锻炼的主课堂、主阵地，加强实习法官助理的职业技能培训。从2016年8月至2017年全市法院已先后遴选四批次共计529名学生，运行效果明显，深受学校、学生、法院及法官欢迎，实现了教学相长、合作共赢的目的。

（三）锻造过硬检察队伍

——市检察院制定了《关于进一步加强和改进意识形态工作的实施意见》，建立意识形态工作联席会议制度，72名检察人员通过上挂下派、交流任职等形式得到多岗锻炼，选派433名骨干人才前往高校开展各类素能培训。在2017年最高检、省检察院举办的各类业务竞赛中，9名干警荣获业务标兵或业务能手称号，新增全国检察业务专家2名，高层次人才总量位居全国15个副省级城市前列。全市检察机关荣获国家级、省级个人表彰称号30余项、100余人次。国家统计局成都调查队调查显示，成都检察工作社会满意度值由2013年的81.87上升至2017年的86.66，检察公信力逐步提升。

（四）探索实习律师考核机制

——成都市律师协会在全国率先建立律师实习集中培训、闭卷考试和面试考核制度，把三大诉讼相关法律法规和参与诉讼的技巧以及庭审规则作为培训和考核重点，遴选 **80** 名资深律师作为考官，注重对实习律师执业技能的考核和科学评价。**2017** 年 **3** 月，举办了 **2016** 年第二期实习律师岗前培训和面试考核，**1026** 名实习律师参加，考核淘汰率达 **10.8%**。

（五）大力培养涉外律师人才

——**2017** 年 **7** 月，成都市律师协会、国浩律师事务所、中国社科院蓝迪国际智库主办"一带一路"法律服务国际交流合作会议。来自"一带一路"沿线和欧美等 **34** 个国家和地区的 **49** 家知名律师事务所的 **74** 名律师，**105** 家国内大型企业、金融机构代表，省内 **90** 家律师事务所代表共计 **350** 余人参会，会议发起成立了"一带一路"法律服务协作体，境外 **24** 家律师事务所与成都 **8** 家律师事务所签署了《合作章程》，成为"一带一路"法律服务协作体第一批成员单位。以本次会议为契机，成都市律师协会遴选了首批成都律师涉外法律服务领军人才（**20** 名）和后备人才（**30** 名），为 **100** 余家世界 **500** 强等大型企业和金融机构"走出去"与"引进来"提供精准涉外法律服务。

四、不断推动法学研究

（一）法学研究全力为经济发展保驾护航

——紧紧围绕成都城市建设和自贸试验区建设，发挥法律专家学者的优势，加快推进成都与国外公司的交流与合作，在控制法律风险、争端纠纷解决等方面提供专业服务，为成都经济发展和企业走出国门提供服务保障。坚持需求导向，对涉外企业法律服务需求进行全方位调查，举办四川"一带一路"投资法律风险应对实务沙龙、成都国际投资法律服务论坛、香港模拟仲裁庭沙龙、"美国海外反腐败法"讲座，协助市律师协会编纂《成都市涉外法律服务工作指南》，设立涉外法律服务人才库和机构库，努力为本土企业在海外投资、跨境收购、融资上市、项目合作、国际贸易和国际争端解决上提供优质高效的法律服务。为推进自贸区规范有序发展，建立自贸区法治环境评估机制，开展成都自贸试验区"法治环境指数"和《成都自贸试验区法治蓝皮书》的编制、发布工作，致力于营造公开透明良好的法治氛围。

（二）法学研究主动为科学立法建言献策

——积极组织、支持、鼓励法学法律界专家学者为法治成都建设建言献策，加强同市人大法工委、市政府法制办协作配合，主动参与立法、执法、司法、法律监督等法治实践活动。开展专题研讨、学术沙龙等活动152场，参与重要政策法规制定、修改、废止和规范性文件的起草、研讨、审查，充分发挥了"智囊团"作用，切实助推立法质量提升。

（三）法学研究立足成都法治实践需要

——认真落实《成都市依法治市实施纲要》，成都市法学会联合市依法治市办、市法院、市检察院及市县两级部门，与市社科院、成都大学完成200多个法治建设中的热点、难点重点研究课题；编撰出版《成都法治建设年度报告（2016）》；开展成都法学法律人才库建设课题研究。同成都大学政治学院合作完成了中国法学会"法治城市测评指数体系"部级课题。有65篇优秀文章在国内法治论坛上获奖，3人在大会交流发言，获奖论文汇编《成都法学文集》（第四辑），先后获评中国法学会第十二届"中国法学家论坛"和"中国法学青年论坛"征文奖优秀组织单位，获得第二十九届全国副省级城市法治论坛和第四届四川省"治蜀兴川"法治论坛征文组织奖，2次在全国性会议上作经验交流发言，被四川省委政法委、省法学会评选为"先进市（州）法学会"。

（四）法学研究努力推动司法改革不断进步

——在市委政法委的统筹领导下，法学会充分发挥第三方优势，统筹司法界实务资源和法律界理论资源的有机结合，牵头成立了由龙宗智为代表的 **13** 人司法改革专家咨询委员会，支持政法部门完成了 **20** 多项制度规定和实施办法、细则，为推进成都市司法改革建言献策。成都在全国率先探索开展刑事庭审实质化改革，探索推广涉案财物管理"开放共治"新模式，受到中央政法委和四川省委政法委主要领导的充分肯定，要求在全国、全省推广。在推进两个专项改革的进程中，市法学会组织专家学者，会同市级政法部门就改革运行制度、机制建设进行广泛深入的研讨，形成调研成果《刑事诉讼涉案财物管理机制问题初探》，为制定《成都市刑事诉讼涉案财物管理实施办法》及政法部门相关配套制度提供了理论支撑，完成了从理论研究到实践应用的成功转化。

2017 年成都市法规立改废情况

一、制定和修改的地方性法规

1.《成都市科学技术进步条例》

2.《成都市历史建筑和历史文化街区保护条例》

3.《成都市城市管理综合行政执法条例》

4.《成都市城乡规划条例》

5.《成都市燃气管理条例》

二、制定的地方政府规章

1.《成都市科学技术奖励办法》

2.《成都市机动车和非道路移动机械排气污染防治办法》

3. 《成都市住宅专项维修资金管理办法》

4. 《成都市检查井盖管理办法》

5. 《成都市活禽交易和宰杀管理办法》

附录 2

2017 年成都法治建设亮点工作

1. 2017 年，成都市连续第五次被评为"全国社会治安综合治理优秀市（地、州、盟）"、连续三次荣获全国综治最高奖"长安杯"，成为全国副省级城市中唯一一个连续三次荣获"长安杯"的城市。

2. 2017 年，中国政法大学对外发布《法治政府蓝皮书：中国法治政府评估报告 2017》，成都市荣获"法治政府建设典范城市"称号。

3. 2017 年，中国社科院法学研究所发布《法治蓝皮书·中国法治发展报告（2017）》，政府透明度指数评估中，成都市政府排名全国第三；司法透明度指数评估中，成都市中院排名第十五。

4. 2017 年，中共成都市委办公厅、成都市人民政府办公厅印发《关于建立容错纠错机制进一步保护干部干事创业积极性的实施办法（试行）》《关于加强对受纪律处分和组织处理同志和人员教育管理和关心关爱的工作办法（试行）》，明确了容错纠错的指导思想、适用范围、基本原则等内容，对容错情形、实施程序、结果运用、纠错机制、澄清保护和保障措施等进行细化。为成都营造风清气正的政治生态环境提供了有力的制度保障。

5. **2017** 年，成都市制定《**2017** 年度市政府常务会议学法安排》，对市政府常务会学法讲法进行部署，全市共开展政府常务会会前学法 **563** 次。其中，市政府常务会议开展会前学法 **35** 次，组织学习宪法、环境保护、安全生产、规划、城乡建设管理等方面的法律法规和政策。市政府常务会会前学法工作被《人民日报》盘点为全国法治政府建设亮点工作，"领导干部法治思维培养"指标在 **2017** 年法治政府评估中得到满分。

6. **2017** 年，成都市加快建立与自贸区试点举措相匹配的制度机制。梳理向上争取政策支持涉及的法律、法规和规章 **23** 件，清理涉及贸易流通领域的规章和规范性文件 **416** 件，对涉及自贸区建设的政策、措施、文件进行合法性审查。经最高人民法院批准，成立成都知识产权审判庭，跨区域集中管辖知识产权案件；成立了西南首个"一带一路"法律联盟服务中心，设立成都国际商事仲裁院；挂牌成立"成都仲裁委员会国际商事仲裁（双流）咨询联络处""成都仲裁委员会国际商事仲裁（青白江）咨询联络处"，增强了自贸试验区内企业预防和处理国际纠纷的能力和水平。

7. **2017** 年，成都市庭审实质化改革和涉案财物管理处置改革两项专项改革同时被中央电视台《法治中国》大型电视政论专题片重点介绍，并入选"砥砺奋进的五年"大型成就展，接受全国各地社会各界观众参观。

8. **2017** 年，成都市金牛区。行政执法三项制度的实施开启了阳光执法"新模式"，此项工作在国务院法制办行政执法三项制度中期检查中得到了检查组的肯定和高度评价，并进入国家"砥砺奋进的五年"大型成就展。

9. **2017** 年，成都市在全国率先设立了城乡社区发展治理委员会，出台成都"城乡社区发展治理 **30** 条"，研究构建城乡社区发展治理"**1＋6＋N**"政策体系，围绕建设高品质和谐宜居生活社区的目标展开"五大行动"。

10. **2017** 年，市检察院被最高检指定为"全国检察机关统一业务应用系统适应司法责任制改革升级项目"的承办单位，最高检以成都试点为基础，将升级后的办案系统向全国推广，目前全国四级检察机关共 **3000** 多家单位运用新系统进行网上办案。

附录3

2017 年成都市十大法治案例

1. 成都市治理村（社区）出具"奇葩"证明案

2. 崇州公安侦破"12·6"非法经营期货案

3. 龙泉驿环保查处鑫长源公司严重污染环境案

4. 成都市集中整治"学而思"等培训机构违规办学案

5. 成都市法律援助邬某等 97 人追索劳务报酬案

6. 双流法院以家庭暴力为由判决周某张某离婚案

7. 成都市调解处置成百集团股权纠纷案

8. 都江堰检察院对王某盗伐楠木"补植复绿"从宽处理案

9. 成都市开展《成都市城市轨道交通管理条例》立法案

10. 成都市查处中国葛洲坝集团股份有限公司天府新区草池镇某施工现场扬尘污染案

2017 年成都法治建设大事记

1月5日　政协第十四届成都市委员会第五次会议开幕，成都市中级人民法院院长，成都市人民检察院检察长向大会做工作报告。

1月9日　成都知识产权审判庭经最高人民法院和四川省委编办批准正式揭牌成立。

1月9日　武侯区在全省率先启动劳动人事争议调解仲裁信息化改革。

1月10日　由成都市依法治市办、市委宣传部、市委政法委共同主办的"平安成都·网格明星"颁奖仪式隆重举行。

1月10日　成都市通过"公共文化服务标准化"和"基层综合性文化服务中心建设"两项国家级试点考核验收。

1 月 12 日　　成都市政务头条号"成都发布""微成都""醉美邛崃"分别荣获"**2016** 年全国政务新媒体特别贡献奖""**2016** 年全国最具潜力政务头条号""**2016** 年全国最具区域影响力政务头条号（区县）"。

2 月 7 日　　成都公证处首届"十大金牌公证员"名单揭晓。

2 月 10 日　　我市召开依法治市暨法治示范园区建设工作座谈会。

2 月 16 日　　成都召开全市法院院长会暨"司法软实力"建设动员会。

2 月 23 日　　第六届全国检察机关优秀公诉人业务竞赛圆满结束，成都市有两名公诉人获得"全国优秀公诉人"称号，其中 **1** 名还获得了"全国公诉标兵"称号。

2 月 27 日　　最高人民法院政治部主任徐家新一行到大邑专题调研成都法院司法责任制改革工作。

2 月 28 日　　成都跨区域知识产权法庭正式挂牌运行。

2 月 28 日　　成都中院少年家事庭被中华全国妇女联合会再次授予"全国维护妇女儿童权益先进集体"称号。

2 月 28 日　　成都市中级人民法院执行局在一件民事强制执行案件中向申请执行人的委托律师签发了首份律师调查令。

3 月 1 日　　成都市区、县（市）委政法委领导干部培训班举行开班仪式，成都市 **22** 个区、县（市）委政法委领导干部近 **100** 人参加培训。

3 月 3 日　成都市交委、公安局、城管委联合正式发布《成都市关于鼓励共享单车发展的试行意见》，引导共享单车规范有序发展，推动绿色低碳出行。

3 月 18 日　成都国税首推《纳税信用联合奖惩备忘录》，此《备忘录》将有力助推全市信用体系建设深入开展。

3 月 27 日　郫都区知识产权局挂牌成立，是全国率先成立的专利、商标、版权"三合一"，集行政管理、行政执法和公共服务于一体的综合管理机构。

3 月 29 日　成都市委办公厅印发《成都市依法治市 2017 年工作要点》。

3 月 30 日　成都市委组织部、市人大常委会办公厅以及公安、司法等 49 个部门联合签发《成都市关于对失信被执行人实施联合惩戒的合作备忘录》。

4 月 1 日　双流区委、区政府在成都空港口岸服务中心举行成都双流自贸试验区建设启动仪式，成立"一带一路"法律联盟服务中心。

4 月 10 日至 14 日　由成都市委组织部、成都市依法治市领导小组办公室、成都市司法局共同主办的"国家中心城市建设与依法治理"专题培训班在中国人民大学举行。

4 月 19 日　成都市司法局、市律师协会联合主办了"2017 成都国际投资法律服务论坛"，发布了《成都涉外法律服务指南》。

4月24日 成都市知识产权发展与保护"白皮书"——《2016年成都市知识产权发展与保护状况》正式发布。

4月24日 成都知识产权审判庭（新都）巡回法庭在新都区中国成都（家居鞋业）知识产权快速维权中心揭牌成立。

4月26日 成都市人民检察院召开知识产权检察保护新闻发布会，首发《知识产权检察保护指引》。

5月1日 成都公布村（社区）证明事项清单，需要村（社区）开具的证明由313项减至15项。

5月2日 龙泉驿区法院十陵法庭荣获"全国青年文明号"称号。

5月2日 成都市印发《2017年全市食品安全重点工作安排的通知》。

5月2日 成都中院发布《2016年度成都法院劳动争议案件审理状况白皮书》及十大典型案例。

5月8日 成都市司法局印发了《司法所履行法治宣传教育职能基本任务清单（试行）的通知》。

5月9日 成都市公安局特警支队黑豹突击队副大队长李建华被公安部授予"我心中的警察英雄"荣誉称号，是四川第一位、也是唯一获此殊荣的警察。

5月16日 成都市政府办公厅下发了《关于建立安全风险分级管控和隐患排查治理双重预防工作机制防范和遏制重特大事故的实施意见》。

5 月 17 日　成都市人民检察院出台《成都市人民检察院关于服务保障成都自贸试验区建设的意见（试行)》。

5 月 19 日　成都市人民政府办公厅印发《成都市人民政府2017 年度法治政府建设工作安排》。

5 月 19 日　成都市公安局林正良被授予"全国特级优秀人民警察"荣誉称号；成都市公安局青白江区分局被评为"全国优秀公安局"，交警支队第四分局、成都市消防支队青羊区大队花牌坊中队、成都边检站执勤业务一科被评为"全国优秀公安基层单位"，李建华、阮立波、吴世红、徐飞、赖宇、唐科、崔朝刚、衡锦被评为"全国优秀人民警察"。

5 月 27 日　都江堰法院设立旅游纠纷专业审判法庭。

5 月 31 日　成都市印发了《成都市关于进一步完善国家工作人员学法用法制度的实施意见》。

6 月 1 日　《成都市市容和环境卫生管理条例》《成都市城市轨道交通管理条例》正式施行。

6 月 7 日　成都市首部《校园防欺凌》学生手册出炉。

6 月 13 日　成都市成为全国首批 11 个创建社会信用体系建设示范城市之一。

6 月 18 日　基层治理创新与法治四川建设会议在成都蒲江召开。

6 月 22 日　国家知识产权局正式同意批复成都为国家知识产权强市创建市。

6 月 27 日　成都市政府办公厅印发《成都市进一步清理各类证明材料实施方案》（成办函〔2017〕104号）。

6 月 28 日　全国法院案件繁简分流机制改革推进会上，成都中院被最高人民法院确定为示范法院之一。

6 月 29 日　成都市委市政府印发《成都市法治宣传教育第七个五年规划（2016—2020)》。

7 月 3 日　成都市政府网络理政平台服务企业信箱正式开通运行。

7 月 3 日　成都市双流区人民法院自贸区审判团队正式挂牌并受理案件。

7 月 6 日　成都市郫都区在全国率先开展知识产权综合管理改革试点。

7 月 16 日　《成都市工商局关于支持小型微型企业发展的十条意见》正式出台，其中包括积极推进"多证合一、一照一码"改革。

7 月 23 日　"蓉 e 行交通众治公益联盟平台"正式上线。

7 月 24 日　成都中院编撰国内首本审判辅助人员培训教科书——《人民法院法官助理职业技能教程》正式出版发行。

7 月 24 日　由四川法制报主办的首届"法治街道（乡镇）成都行"采访报道系列活动获奖名单正式出炉。共 10 人荣获成都 2016—2017 年度"十大法治街道（乡镇）书记"称号，共 26 个街道（乡镇）获得成都 2016—2017 年度"依法治理示范街道（乡镇)"称号。

7 月 25 日　成都市公安局环境犯罪侦查支队正式成立。

7 月 29 日　"一带一路"法律服务国际交流合作会议在成都新世纪国际会展中心召开。

8 月 1 日　《成都市历史建筑和历史文化街区保护条例》正式施行。

8 月 4 日　市法院出台《成都市中级人民法院关于为中国（四川）自由贸易试验区建设提供司法保障的实施意见》。

8 月 10 日　成都市在全国率先设立市委城乡社区发展治理委员会，专门负责统筹推进城乡社区发展治理改革工作。

8 月 10 日　《成都市"十三五"知识产权保护和运用规划》出炉。

8 月 15 日　双流区在全省率先组建"法治建设委员会"。

8 月 16 日　"多元化纠纷解决机制之公证价值"论坛在成都召开。

8 月 29 日　成都市司法局印发了《成都市司法局服务保障中国（四川）自贸试验区成都片区建设十八条措施》。

8 月 29 日　成都市首次开展自然资源资产离任审计。

9 月 1 日　成都全面实行企业、个体工商户、农民专业合作社"多证合一"的新登记模式。

9 月 13 日　成都市依托信息化深入推进综合行政执法体制改革试点工作现场会在崇州召开。

9 月 13 日　成都市"创客法治训练营"活动在郫都区菁蓉镇正式启动，是全国首个法治训练营。

9 月 14 日　成都市委、市政府印发《关于深入推进城乡社区发展治理建设高品质和谐宜居生活社区的意见》。

9 月 16 日　"西南技术与军民融合产权交易中心"在成都双流区挂牌。

9 月 18 日　成都市公证处获"全国知识产权公证服务示范机构"授牌。

9 月 19 日　全国社会治安综合治理表彰大会在北京人民大会堂召开，成都连续第五次获评"全国社会治安综合治理优秀市（地、州、盟）"、三度蝉联全国综治最高奖"长安杯"。

9 月 20 日　成都市首个"市民驿站"已建成运行，首批 10 项政务服务纳入"市民驿站"，至此叠加政务、公共和商业服务等事项超过 60 项。

9 月 21 日　都江堰市召开成立城乡社区发展治理委员会新闻发布会，区（市）县第一批城乡社区发展治理委员会正式成立。

9 月 25 日　四川省首张"二十证合一"营业执照颁出。

9 月 26 日　成都市荣获"法治政府建设典范城市"荣誉称号。

9 月 26 日　中央精神文明办发布第五届全国文明村镇候选名单公示，成都市郫都区友爱镇农科村、龙泉驿区茶店镇龙泉湖村、彭州市升平镇昌衡村、邛崃市文君街道文笔山村、蒲江县甘溪镇明月村、天府新区三星镇南新村 6 个村镇上榜。

9 月 27 日 四川省首个法律机器人"小崇"法律机器人由成都崇州法院自主设计上线。

9 月 27 日 成都市司法局与简阳市委、市政府联合举行成都普法讲师团"法治扶贫"基层行暨简阳市首届法治文化周启动仪式。

9 月 29 日 四川省首个党建教育"三基地"——成都地税党建教育"三基地"（党员教育、廉政教育、法治教育基地）揭牌。

10 月 1 日 《成都市科学技术进步条例》正式施行。

10 月 31 日 成都市中级人民法院环境资源审判庭正式办公运行。

11 月 1 日 四川省第二届"十佳庭审"出炉，成都中院审理的宋伦全故意杀人罪、放火罪一案在"十佳庭审"中排第一。

11 月 2 日 成都市检察院举行新闻发布会，首次就未成年人检察工作发布白皮书。

11 月 10 日 成都市企业注册在"二十一证合一、一照一码"的基础上，将公安、商务、食药监、农业、交通运输、旅游、海关 7 个部门的 11 项涉企证照事项进一步整合到营业执照上，实现"三十二证合一、一照一码"。

11 月 22 日 成都首家社区环境和物业管理委员会在苏坡街道清江社区挂牌成立，这是全国首个环境和物业管理委员会试点社区。

11 月 24 日 全国首个婚姻家庭教育促进基地在彭州市民政局婚姻登记处成立。

11 月 24 日　成都市中级人民法院对外发布 2016 年以来成都地区反家暴法适用情况及典型案例。

11 月 30 日　成都市 2017 年"十大法治案例"评选结果正式揭晓。

12 月 1 日　成都全市 18 个区（市）县公安局的 148 个派出所（署）设立印章办理"一站式服务"办证点。

12 月 3 日　成都市"十大法治人物（2015—2017）"评选揭晓。

12 月 4 日　成都武侯区《探索"三转双向两护"基层网络空间综合治理的"武侯样本"典型案例》荣获 2017 全国"社会治理创新最佳案例"奖。

12 月 4 日　评选出张钰琼等十人（含团体）为"成都普法达人（2017）"。

12 月 13 日　四川省首家知识产权检察室在成都经开区挂牌成立。

12 月 18 日　《2017 年中国优秀"互联网＋政法服务"平台综合影响力评估报告》全文发布，成都市委政法委官网——成都长安网获评"2017 年度中国优秀政法网站"，位列全国副省级及省会城市第一名。

12 月 22 日　成都市司法行政系统召开了"2017 年全市司法行政工作优秀成果评选大会"。